CÓMO ENSEÑAR CUALQUIER COSA EFECTIVAMENTE

Estrategias Altamente Efectivas para ser un Mejor Maestro y Enseñar Eficazmente

DANIEL WATKINS

© **Copyright 2022 – Daniel Watkins - Todos los derechos reservados.**

Este documento está orientado a proporcionar información exacta y confiable con respecto al tema tratado. La publicación se vende con la idea de que el editor no tiene la obligación de prestar servicios oficialmente autorizados o de otro modo calificados. Si es necesario un consejo legal o profesional, se debe consultar con un individuo practicado en la profesión.

- Tomado de una Declaración de Principios que fue aceptada y aprobada por unanimidad por un Comité del Colegio de Abogados de Estados Unidos y un Comité de Editores y Asociaciones.

De ninguna manera es legal reproducir, duplicar o transmitir cualquier parte de este documento en forma electrónica o impresa. La grabación de esta publicación está estrictamente prohibida y no se permite el almacenamiento de este documento a menos que cuente con el permiso por escrito del editor. Todos los derechos reservados.

La información provista en este documento es considerada veraz y coherente, en el sentido de que cualquier responsabilidad, en términos de falta de atención o de otro tipo, por el uso o abuso de cualquier política, proceso o dirección contenida en el mismo, es responsabilidad absoluta y exclusiva del lector receptor. Bajo ninguna circunstancia se responsabilizará legalmente al editor por cualquier reparación, daño o pérdida monetaria como consecuencia de la información contenida en este documento, ya sea directa o indirectamente.

Los autores respectivos poseen todos los derechos de autor que no pertenecen al editor.

La información contenida en este documento se ofrece únicamente con fines informativos, y es universal como tal. La presentación de la información se realiza sin contrato y sin ningún tipo de garantía endosada.

El uso de marcas comerciales en este documento carece de consentimiento, y la publicación de la marca comercial no tiene ni el permiso ni el respaldo del propietario de la misma. Todas las marcas comerciales dentro de este libro se usan solo para fines de aclaración y pertenecen a sus propietarios, quienes no están relacionados con este documento.

Índice

Introducción — vii

1. Lecciones de la ciencia de la pedagogía — 1
2. Mirando el paisaje — 21
3. Elementos básicos — 41
4. Técnicas Avanzadas — 73
5. El ambiente estudiantil — 103

Conclusión — 155

Introducción

El ser un buen maestro es una tarea extremadamente retadora. El desempeño de la persona que ejerce este cargo va a depender de muchos factores que influyen en la enseñanza, como, por ejemplo, qué tipo de materia se estará impartiendo, para qué público, con qué enfoque, por qué periodo de tiempo se impartirá dicha clase, etc.

Este libro contiene información necesaria para entender qué es lo que se está llevando a cabo al momento de impartir una clase, y al mismo tiempo, compartirá aportaciones y tips para los profesores que lo lean.

Poder declarar que tal profesor sea "bueno" o "malo" es un tema sumamente debatible y ha sido así a lo largo de los años. Por supuesto que, en un asunto tan debatido, tan dependiente de contextos culturales e incluso biogeográficos, no es sencillo alcanzar un consenso razonable y operativo, que nos sirva para actuar en consonancia.

En estas notas procuraré dar con las características más generales de lo que para mí es un buen maestro, independientemente del lugar y del nivel educativo. Un buen maestro o maestra (y de aquí en adelante usaré indistintamente uno u otro género para referirme a ambos) tiene un concepto positivo de sí mismo y de su trabajo; esto es que cree en sí mismo como persona y como maestro, que está seguro de que con su quehacer está promoviendo y fortaleciendo el desarrollo físico, intelectual, afectivo, social y moral de sus alumnos, que él es un factor fundamental en la consolidación y perfeccionamiento de sus pupilos como seres humanos. Una buena maestra se considera a sí misma como una verdadera profesional de la educación, y por tanto siempre se conduce profesionalmente. Quedan fuera, pues, quienes son maestros por tener una "chamba"; quienes escogieron la carrera porque les ofrece una plaza segura; quienes ven su desempeño como una obligación impuesta por directivos y supervisores. Las mejores maestras saben que sus alumnos son personas en cuyo desarrollo humano están colaborando, por lo que saben cultivar y promover en ellos el desarrollo de las competencias culturales básicas de comunicación, pensamiento crítico, resolución de problemas y de participación, así como el desarrollo y consolidación de los valores cívicos y culturales fundamentales. Los buenos maestros tienen expectativas positivas de sus alumnos, desde el principio hasta el fin. Bien se sabe que uno de los factores clave en el éxito escolar está constituido por lo que la institución y sus docentes esperan de sus alumnos, del auténtico interés que pongan en ellos, de las perspectivas que tracen juntos.

Los buenos maestros son humanos, amigables y comprensivos; saben construir un ambiente agradable y estimulante en el salón y en la escuela; tienen confianza en la capacidad de todos sus alumnos y logran que todos ellos tengan éxito.

Eso de que un buen maestro tiene siempre muchos reprobados es una aberración. Las buenas maestras nunca culpan a sus alumnos del fracaso; saben que para que se dé dicho fracaso han entrado en juego muchos factores: la falta de preparación y de dedicación de uno mismo como docente, la escasa comprensión de los problemas por los que el alumno atraviesa, la poca o nula e incluso contraproducente motivación que el pupilo tenga en su hogar, la ineficaz estrategia seguida para que el alumno aprenda, la mala calidad e insuficiencia de los materiales educativos, las malas condiciones en que se encuentra la institución, las faltas y suspensiones de labores, la no consideración de las necesidades específicas del estudiante que está fracasando, la menguada pertinencia de los contenidos, lo agresivo de las evaluaciones, en fin. No es el alumno el culpable de todo ello. Las mejores maestras logran mucha participación de sus alumnos.

¿Cómo reconocemos a un buen maestro? los estudiantes, ellos no tienen que estar brincando o yendo de un lugar a otro para mostrar que están activos. No confundamos el silencio que requiere la actividad mental profunda e intensa con el silencio de la apatía o del aburrimiento.

Para conseguir la actividad mental, el buen docente hace buenas preguntas, preguntas reflexivas, abiertas, que no se contesten con un sí o un no, que no se contesten con una sola palabra; preguntas que requieran de reflexión y se contesten con respuestas elaboradas, que a menudo se van encadenando con los aportes de varios estudiantes. La buena maestra siempre pide a sus alumnos que den ejemplos concretos de lo que dicen y siempre favorece el aprendizaje cooperativo, el trabajo colectivo. Nunca pone a competir a unos con otros ni muestra el trabajo de la "mejor alumna" como ejemplo de lo que todos los demás deben hacer. Los buenos docentes saben que los principales protagonistas en el proceso de aprendizaje son los alumnos.

Los buenos docentes estimulan a sus estudiantes para que lean y estudien de manera independiente, y siempre les dan oportunidad de que se expresen, de que comenten en la clase sus lecturas. Un buen maestro es paciente, tiene sentido del humor, pero nunca inhibe a un alumno, nunca lo ridiculiza ni se mofa de él. La buena maestra siempre se asegura de que sus alumnos entienden claramente lo que se espera de ellos. Muchos alumnos yerran o emprenden tareas equivocadamente porque no entendieron la pauta o el procedimiento supuestamente explicado, o contestan erróneamente porque la pregunta estuvo mal formulada por el docente.

Los mejores docentes saben que la indisciplina se debe al aburrimiento, por eso son capaces de diseñar y poner en práctica actividades participativas en las que todos los alumnos se interesan.

Organizan los contenidos alrededor de conceptos

integradores que tengan una relación estrecha con problemas de la vida diaria de los alumnos y son capaces de integrar los saberes cotidianos con los saberes escolares.

Los buenos maestros saben utilizar muchos recursos y estrategias para el aprendizaje, no se limitan a "dar su clase". Organizan debates, discusiones, paneles, consultas, intercambios, seminarios; utilizan sistemáticamente la biblioteca escolar y otras bibliotecas, así como otros recursos de fuera de la escuela: folletos, revistas, periódicos, fotografías, carteles, videos, programas de televisión, películas, cintas magnetofónicas, etcétera. El buen maestro busca estos recursos, no se conforma con esperar a que le sean proporcionados. Un buen maestro utiliza una diversidad de procedimientos para la evaluación formativa (durante el curso) y sumativa (final) de su propio curso y de los logros académicos de sus alumnos. Utiliza los resultados de la evaluación formativa para atender problemas y carencias, así como para reorientar su propio desempeño. En todo caso, un buen docente sabe que la evaluación es una actividad más de aprendizaje al servicio de sus alumnos y de él mismo.

El buen maestro siempre busca formas de evaluar su propio trabajo. Un buen docente dialoga con sus colegas, discute sistemáticamente sobre los problemas que tiene en su desempeño, pide consejo, asiste a otras clases para observar el desempeño de otros docentes y los invita para que observen sus propias clases para recibir la crítica de ellos.

Los buenos maestros siempre participan con sus compañeros en la planificación y el desarrollo de las actividades institucionales. Una buena maestra, un buen docente, siempre está evolucionando, siempre está aprendiendo.

Cuando un docente no está ya dispuesto a aprender, está acabado, como maestro y como persona.

El maestro que comienza, el de poca experiencia, por lo general intenta enseñarles a sus alumnos lo que sabe; conforme avanza profesionalmente, el maestro diseña actividades de aprendizaje gracias a las cuales los alumnos aprenden por sí mismos lo que el maestro sabe; los maestros que logran mayor madurez son capaces de diseñar experiencias de aprendizaje en las que los alumnos profundizan en su propia formación, aprendiendo cosas diferentes a las que el maestro ya sabe; avanzan todavía más cuando son capaces de lograr que los alumnos mismos colaboren en el diseño de sus propias actividades de aprendizaje, durante el desarrollo de las cuales ellos construyen sus propios conocimientos; los mejores maestros logran que sus alumnos diseñen sus propias metas, piensen en sus propios objetivos y propósitos, pues con todo ello están contribuyendo a formar personas independientes, que toman decisiones por sí mismas.

1

Lecciones de la ciencia de la pedagogía

Si te consideras un estudiante de toda la vida y un autodidacta, probablemente sepas que tu enfoque teórico, tu actitud y tus métodos marcan la diferencia. En este libro veremos el aprendizaje, pero a través de la perspectiva menos común de un maestro. Pero en lugar de centrarnos en la filosofía de la educación en general o en los planes de estudio escolares, exploraremos los fundamentos más importantes de lo que hace que un maestro sea excelente, ya sea formalmente en el aula o simplemente cuando ayuda a un amigo. El maravilloso efecto secundario es que dominar el papel de un maestro eficaz tiene una forma de convertirte en un mejor alumno, a medida que te familiarizas con el aprendizaje y la adquisición de conocimientos como una materia valiosa en sí misma.

. . .

Comenzaremos con los fundamentos de la pedagogía o el estudio de la educación y el aprendizaje.

Con suerte, al final de este libro, podrás utilizar estos principios generales de formas creativas que vayan mucho más allá del contexto estándar profesor-alumno. El enfoque que adoptes depende de cómo ves al alumno, al profesor, la relación entre ellos, la información y las reglas que rigen la transferencia de conocimientos. Por ejemplo, primero enseña un principio básico, o te basas en su conocimiento existente de conceptos, para expandir e introducir algo nuevo.

Tu papel como maestro es básicamente diseñar una carrera de obstáculos útil para tu estudiante, quien, al avanzar a través de ella, aprende cosas nuevas. A esto se le llama enfoque constructivista. El estudiante los domina y luego avanza de una manera estructurada. Si estás enseñando a más de una persona, digamos dos amigos juntos, utiliza el enfoque constructivista creando un ambiente de colaboración entre los estudiantes.

Las analogías son una forma particularmente útil de hacer esto y les permite a los estudiantes «construir» una comprensión de un nuevo concepto basado en el anterior.

Sin embargo, un inconveniente de este enfoque es que puede no estar estructurado. Algunos estudiantes luchan por hacer conexiones entre diferentes conceptos y simplemente no aprenden bien de esa manera. Pero puedes adoptar otro enfoque.

Un ejemplo es un profesor de idiomas que hace que los alumnos representen ciertos encuentros que probablemente tendrían en un país diferente, como pedir comida en un restaurante. Este enfoque funciona porque toma conocimiento seco y abstracto y lo hace cobrar vida en contexto.

Es mucho más probable que un estudiante se sienta inspirado y comprometido con una lección si sabe lo que significa y cómo funciona de forma práctica en la vida real.

Algunos estudiantes detestan el trabajo en grupo, pero hay buenas razones para usar el enfoque colaborativo en el aula y fuera de él.

· · ·

La colaboración consiste en utilizar el trabajo en equipo para compartir el proceso de aprendizaje en un grupo.

Algunos investigadores educativos han descubierto que el aprendizaje mejora cuando las personas trabajan juntas en algo, y puedes imaginar por qué. Los seres humanos somos criaturas sociales, y el proceso de explicar, comunicar, negociar, aclarar e incluso discutir puede hacer que un tema se enfoque más claramente que si simplemente te hubieras sentado en silencio y solo con él. Con un enfoque colaborativo, el maestro aprovecha a otros estudiantes para que actúen como co-maestros.

Es casi una garantía de que cada estudiante en un grupo tendrá diferentes fortalezas y habilidades, pero esto significa que los estudiantes pueden ayudar a otros simultáneamente en algunos aspectos, mientras son apoyados por otros estudiantes en áreas donde son más débiles. En este caso, el maestro puede actuar como miembro del grupo, o ser más bien un facilitador independiente que organiza las condiciones bajo las que opera el grupo. Podemos imaginar este enfoque en una escuela donde un profesor de ciencias pide a grupos pequeños que trabajen juntos para realizar un experimento y hacer un informe científico. Pero este enfoque funciona en las aulas con la misma facilidad, y muchas personas lo adoptan naturalmente cuando enseñan.

El gerente puede aprovechar este conocimiento y «enseñar» principalmente facilitando un proceso de intercambio natural. Otra técnica pedagógica muy eficaz es el enfoque basado en la indagación. Como sugiere el nombre, este método pone las preguntas en el centro del proceso de aprendizaje. Cuando lo piensas, así es como naturalmente se desarrolla el aprendizaje dentro de nosotros.

Esto les confirma a los estudiantes cómo se hace. Una «consulta guiada» es simplemente ofrecer una pregunta, y el estudiante tiene la tarea de crear su propio método para llegar a la solución, así como la solución en sí. Finalmente, podrías no ofrecer nada, ninguna pregunta, método o respuesta, y dejar que el estudiante idée los tres por si mismo.

Este último enfoque es una «investigación abierta» y sustenta fundamentalmente enfoques educativos como el método Montessori. Esto les deja plantearse sus propias preguntas relacionadas con el interés que tengan, después de lo cual también idean métodos para responderlas. El uso de preguntas de esta manera estimula a los estudiantes a pensar en problemas nuevos por sí mismos, en lugar de que un maestro simplemente les dé información inerte. Estás planteando una pregunta y un método, y empujando a tu alumno hacia la respuesta correcta.

Esto los impulsa no solo a buscar soluciones y nuevos métodos, sino incluso a hacer sus propias indagaciones desde el principio. Si bien este método tiene muchos beneficios, como su capacidad única para fomentar la curiosidad, tiene algunos inconvenientes. Por un lado, puede ser muy difícil para un maestro prepararse para un enfoque basado en la indagación. Enseñar exhaustivamente un concepto a través de una serie de preguntas y respuestas requiere mucho más esfuerzo que otros enfoques.

El método también puede fracasar si sus alumnos no pueden responder las preguntas que ha preparado para ellos. En el peor de los casos, incluso podría hacerlos sentir avergonzados y disminuir su confianza, especialmente si tienen problemas de aprendizaje o no son pensadores rápidos. Si te preguntas si estos enfoques se pueden combinar, la respuesta es sí.

El enfoque reflexivo, de hecho, es un método pedagógico final que coloca la reflexión regular en el centro del aprendizaje.

Aunque todos estos enfoques son valiosos por diferentes razones, ninguno funcionará si se aplican sin pensar en situaciones inapropiadas. Bajo el enfoque reflexivo, el maestro se detiene regularmente y evalúa las técnicas que se están utilizando, y se ajusta en consecuencia. No hay temas demasiado difíciles ni estudiantes incapaces, solo métodos que no son adecuados. Cuando adoptas la perspectiva reflexiva, te recuerdas a ti mismo que la enseñanza es solo una herramienta y que puedes y debes probar diferentes enfoques para alcanzar tu objetivo final.

Esto promueve la experimentación, pero al igual que el enfoque basado en la indagación, exige mucho esfuerzo del maestro para diseñar estrategias para enseñar enfoques que son nuevos para ellos. Todo en los capítulos siguientes se refiere a uno o más de estos cinco enfoques pedagógicos, de una forma u otra. Vale la pena recordar que, aunque gran parte de la teoría disponible sobre la enseñanza y el aprendizaje está diseñada para aulas convencionales, estos enfoques y métodos son universales y tu imaginación es el único límite cuando se trata de dónde y cómo aplicarlos. Fortalezas y limitaciones del cerebro El cerebro no es una máquina.

Muchas guías de autoayuda que prometen una memoria sobrehumana o una productividad ultrarrápida nos hacen creer que el cerebro puede ponerse en forma si nos esforzamos lo suficiente. De hecho, es más probable que aprendamos bien y enseñemos bien si trabajamos dentro de los límites de nuestro cerebro en lugar de presionar contra ellos.

Los enfoques pedagógicos que hemos cubierto solo funcionarán cuando les demos a nuestros estudiantes suficiente tiempo, espacio, paciencia y el desafío adecuado para aprender realmente. Introduce un modelo llamado «teoría de la carga cognitiva», que es más o menos lo que parece.

. . .

En pocas palabras, esta teoría nos recuerda que la mayoría de las veces el cerebro solo puede hacer una cosa nueva a la vez. El psicólogo John Sweller propuso la teoría en 1998 para explicar cómo el cerebro encuentra, procesa y almacena nueva información. Cuando aprendemos algo nuevo, se necesita mucha más energía cognitiva que recuperar algo ya aprendido y «almacenado». Esta es la carga cognitiva y, al igual que tus músculos tienen límites naturales para las cargas físicas que pueden soportar, tu cerebro tiene límites para lo que puede transportar mentalmente.

Una forma obvia de mejorar el aprendizaje o la enseñanza es hacer esfuerzos para reducir la carga cognitiva. Deseas obtener el máximo aprendizaje con el menor «gasto» posible de energía cognitiva.

Si le pides a tu alumno que divida las cosas en partes, que las simplifique o que trabaje con resúmenes, estás reduciendo la carga cognitiva al alterar el contenido que el cerebro tiene que procesar. Esto significa que desglosamos las cosas temporalmente para los estudiantes.

La imagen completa es demasiado para asimilarla de una vez, pero es más manejable cuando se cuenta como una secuencia o historia con un comienzo y un final. El cerebro está sobrecargado y no se puede construir nuevos esquemas.

Sin embargo, si tú eres el maestro y comprendes la teoría de la carga cognitiva, la idea es que puedas crear deliberadamente un entorno de aprendizaje que guíe a tu alumno de tal manera que disminuyas su carga cognitiva, dirijas su enfoque y lo ayude a desarrollar esquemas útiles, paso a paso. La idea es observar cómo el cerebro normalmente aprende cosas nuevas y recrearlas deliberadamente.

Los académicos e investigadores que han examinado esta teoría a menudo no están de acuerdo sobre cómo se podría aplicar exactamente en el aula. Si bien estos tienden a reducir la carga cognitiva cuando se usan con moderación, exagerar puede incrementar la carga cognitiva.

Sin embargo, recuerda que nuestro objetivo en este libro no es diseñar planes de estudio escolares más efectivos ni filosofar sobre la profesión docente; más bien, estamos usando estos principios para nosotros mismos, para convertirnos en mejores maestros y facilitadores en cualquier esfuerzo de aprendizaje. Además, si queremos enseñar de la mejor manera posible, necesitamos encontrar formas de reflejar este proceso de aprendizaje natural y apoyarlo en las personas a las que intentamos enseñar. Comienza con la detección y la percepción de información, donde determinamos si vale la pena prestarle atención. Luego, mantenemos este fragmento de información en nuestra memoria a corto plazo o de trabajo durante unos segundos, pero, a menos que lo guardemos en la memoria a largo plazo de alguna manera, desaparece más o menos.

El siguiente paso, si sucede, es que la información se codifica y se archiva en la memoria a largo plazo en un esquema mental, junto con cualquier pista que ayude a recuperarla más adelante. Supongamos que deseas enseñar a un grupo de personas los beneficios de usar un determinado producto.

Primero, deberás encontrar formas de ayudar a este grupo a retener la información en tu memoria sensorial. Como sugiere el nombre, esto se hace apelando a varios sentidos, de los cuales los más importantes son la vista y el oído.

. . .

Para hacer esto, enséñales el producto y distribuye un poco para que el grupo pueda tocarlo y sentirlo.

También debes explicar los beneficios de usarlo de manera oral a través de palabras, así como visualmente a través de infografías y otros materiales. Hay personas que aprenden mejor cuando se pone énfasis en diferentes sentidos. El uso de la audición o las palabras ayudará a algunos a aprender mejor, mientras que otros responderán al poder sentir el producto en sus manos.

Luego, debemos asegurarnos de que la memoria sensorial se convierta en memoria a corto plazo. Los factores que influyen en esta transferencia son la cantidad de información que debe procesarse, el nivel de atención del alumno y las capacidades cognitivas individuales. Por lo tanto, si puedes hacer que el paso anterior sea lo más interesante posible para atraer y llamar la atención de tus estudiantes, activarás sus sentidos y ayudarás a transferir su aprendizaje a la memoria a corto plazo. El último paso es tomar esta información y guardarla en su memoria a largo plazo.

. . .

Encuentra formas novedosas de decir lo mismo para que puedas entrar a las partes más importantes de la mente de tus estudiantes. Mantén enfocada la información que estás proporcionando y divide todo en partes pequeñas y digeribles. Entonces, si deseas que vendan el producto, enfatiza qué beneficios son los más populares. Si deseas que comiencen a usarlo, enfatiza los problemas comunes y cómo el producto ayudará a resolverlos.

Todo esto les ayudará a retener la información en su memoria a largo plazo, asegurando que no la olviden durante mucho tiempo. Consejos didácticos de la teoría de la carga cognitiva y el modelo de procesamiento de la información Conociendo la «arquitectura» del cerebro y sus procesos procedimentales, podemos optimizar el aprendizaje. Según John Sweller, podemos procesar un máximo de dos o tres piezas de información nueva en nuestra memoria de trabajo en cualquier momento y mantener este enfoque durante unos veinte segundos. Cuando transferimos algo del trabajo a la memoria a largo plazo, se puede decir que lo hemos aprendido.

. . .

Divide la información en trozos e introdúcelos en la memoria a largo plazo de forma lenta y constante. Proporciona muchos ejemplos y vincula tantos conceptos como sea posible con los que tu estudiante ya posee, para anclarlos.

Otros consejos incluyen tomar un breve descanso cada diez o quince minutos, ya que la atención suele decaer de todos modos. El objetivo es mantener a tu estudiante comprometido y activo.

Dado que el tiempo y la atención son limitados, guía el proceso mostrándole a tu alumno qué es lo más importante y en qué debe centrarse más.

Aprovecha la memoria a largo plazo conectando material nuevo con material antiguo, contextualizando, invitando a reflexionar más profundamente sobre el tema o mirando estudios de casos, ejemplos o problemas. Para aligerar la carga cognitiva, mantén las cosas simples y bien organizadas. Por ejemplo, diseña una lección de una hora en cuatro partes de quince minutos, cada una con la oportunidad de crear un mapa mental simple que resuma los puntos aprendidos.

· · ·

Déjales ver la relación entre cada uno de los conceptos que están aprendiendo y cómo encaja todo. El nombre elegante para este proceso de aumentar el dominio desde niveles más bajos de capacidad se llama andamio, ya que se refiere a la construcción cuidadosa de una estructura mental compleja con unidades más pequeñas y simples. Tu objetivo general como profesor que utiliza la técnica del andamiaje es simplificar. Como hemos visto, esto reduce la carga cognitiva porque todo lo que el cerebro tiene que administrar en la memoria de trabajo es una pequeña porción de información.

Una vez que esto se almacena en la memoria a largo plazo, se puede considerar el siguiente paso, nivel o unidad.

Dependiendo de tu alumno y de lo que estés intentando enseñarle, el proceso de andamiaje puede variar en complejidad.

En todo momento, puedes hacer comentarios y correcciones: haz una pregunta, mira cómo responde tu estudiante e infiere dónde está su nivel de comprensión. Ofrece correcciones de manera suave y positiva, retrocediendo a instrucciones anteriores o conceptos más simples para verificar la comprensión. Anima a tus alumnos a mirar primero los fragmentos más simples y, una vez que los dominen, dirige su atención a las conexiones entre ellos mediante preguntas, indicaciones y pistas. Este enfoque se ha llamado «yo hago, nosotros hacemos, tú haces» o, a veces, «enséñame, ayúdame, déjame».

Veamos cada uno de los tres pasos usando un ejemplo simple de enseñarle a alguien cómo hornear un complicado soufflé francés. Al hacerlo, les das algunas instrucciones, compartiendo activamente el conocimiento que ellos reciben de forma pasiva. En esta etapa, te aseguras de que tus estudiantes estén orientados al nuevo material y sepan cuál es el propósito de la lección. Quieres establecer claramente las limitaciones y los objetivos, es decir, hoy estamos haciendo un soufflé perfecto.

Cooperación de maestros y estudiantes, o «lo hacemos» Esta es la parte en la que usas «ruedas de entrenamiento» y aumentas gradualmente la participación de tus estudiantes.

. . .

Todavía estás dando instrucciones, pero ahora estás enfocado en guiar sus acciones.

Podrías supervisarlos haciendo un soufflé usando lo que les has enseñado, aunque tú todavía estás ahí, haciendo parte del trabajo, e indicando y corrigiendo sobre la marcha. Ves paso a paso y utiliza preguntas e indicaciones para llevar al alumno al siguiente paso.

Práctica dirigida por estudiantes, o «tú haces» El objetivo final es que tus estudiantes puedan realizar la habilidad o recuperar la información por sí mismos, sin ti. Después de un tiempo, puedes pedirles a tus estudiantes que te preparen un soufflé perfecto desde cero, sin tu supervisión. El enfoque constructivista se trata de desarrollar conocimientos y habilidades a partir de información que ya conoce el estudiante. Tú les ayudas a «construir» nuevos conocimientos relacionando todo con este conjunto de conocimientos existentes para conectar dos conceptos diferentes.

El enfoque integrador se centra en hacer que las lecciones sean prácticas y aplicables en el mundo real. Cuanto más relevante y contextual sea la nueva información, más probable será que los estudiantes la retengan. El enfoque colaborativo utiliza las fortalezas de la colaboración grupal entre estudiantes para apoyar el aprendizaje.

Tú confías en que los estudiantes dentro del grupo se enseñen unos a otros exponiéndolos a puntos de vista y conocimientos únicos que todos tienen.

El enfoque basado en la indagación consiste en dirigir el aprendizaje pidiéndole al estudiante que elabore una pregunta, un método para llegar a una respuesta, la respuesta o alguna combinación de estos tres. El enfoque reflexivo consiste en adaptar los métodos de enseñanza que se utilizan para que se adapten mejor al alumno que tienes delante, tomándote un tiempo para evaluar con regularidad lo que funciona y lo que no. El cerebro no es una máquina. La teoría de la carga cognitiva nos dice que como el poder del cerebro es limitado, necesitamos pensar estratégicamente y reducir la carga mientras maximizamos el aprendizaje.

Esto se puede hacer de diversas formas que respetan en lugar de presionar contra los procesos de aprendizaje naturales del cerebro. Algunas estrategias implican mantener tu material centrado en temas particulares, repetir la información tanto como puedas y apelar a los sentidos de manera que llame la atención. El andamiaje es el principio de realizar pequeñas mejoras incrementales y construir conceptos o habilidades más grandes a partir de conceptos más pequeños y simples. Esto se puede resumir como «Yo hago, nosotros hacemos, tú haces» para mostrar cómo el maestro entrega gradualmente el control y el dominio al alumno.

2

Mirando el paisaje

En comparación con sus alumnos, que solo pueden ver secciones pequeñas y poco claras del todo más grande, el maestro puede verlo todo y comprende cómo todo se conecta con el panorama general. Los buenos profesores pueden ver el «paisaje» completo y saber lo que tienen delante. Esto puede parecer poco importante si no estás acostumbrado a enseñar, pero de hecho es lo más importante que haces como profesor, porque influye en la forma en que piensas sobre el material que tienes delante y en cómo se lo transmites a tus estudiantes. Ver el paisaje de manera incompleta o incorrecta significa que le das a tu estudiante una visión defectuosa para trabajar, comprometiendo así su aprendizaje.

. . .

Sin una hoja de ruta sensata a través del territorio, por así decirlo, puede perderse, encontrarse desorganizado o confundido, o incapaz de anticipar o predecir los problemas u oportunidades que se avecinan.

Si crees que ser un experto en un campo determinado te califica para enseñar, ya que estás familiarizado con el «mapa», piénsalo de nuevo. En cierto modo, ser un buen profesor no se trata solo de conocer el terreno intelectual, sino también de saber cómo ignorar selectivamente lo que no es relevante en ese terreno, para que el alumno pueda concentrarse en lo que sí lo es. El maestro esencialmente construye una visión truncada y simplificada del paisaje, es decir, un mapa.

Este mapa está deliberadamente organizado, resumido y diseñado para hacer comprensibles ciertos conceptos.

Contiene solo aquellas partes de tu campo de conocimiento que son relevantes para tu estudiante, en este momento, en su etapa de aprendizaje y desarrollo. Sí, un mapa está simplificado, pero debería ser una representación precisa del paisaje. Aunque se pueden omitir algunos detalles, el estudiante no debe descubrir más adelante que secciones enteras están simplemente mal.

. . .

Vale la pena detenerse en esta idea de mapa versus territorio simplemente porque se pueden evitar muchos malentendidos y confusión cuando un maestro aborda su tarea de manera metódica y clara. Una técnica de estudio probada es practicar «enseñar» el nuevo material a otra persona o dar un pequeño discurso o presentación sobre el material que acaba de leer.

De manera similar, muchas personas dicen que, si no puedes explicar un proyecto o una idea a un no experto o incluso a un niño de diez años, entonces no entiendes realmente los conceptos por ti mismo, sin importar qué tan experto seas. Los mejores profesores trazan un curso a través de un paisaje nuevo y complejo antes de partir, y saben dónde está el destino final incluso cuando el alumno no lo sabe.

Se puede pensar en un mapa como una serie de conexiones.

Cuando podemos poner ideas, conceptos, eventos o teorías aisladas en un panorama más amplio y vincularlos, comenzamos a tener una visión más amplia, más organizada y coherente. Podemos establecer conexiones en el tiempo, vinculando lo que aprendemos ahora con lo que ya hemos aprendido en el pasado, o podemos hacer conexiones vinculando todas las piezas de información separadas que tenemos entre sí, en el presente. Conectando el conocimiento antiguo con el nuevo Lo maravilloso de la enseñanza es que nunca se empieza realmente «desde cero».

Todo el mundo tiene al menos algún conocimiento preexistente sobre el que puede basarse, y eso te incluye a ti como profesor. Un mapa físico solo es útil para ti si sabes dónde te encuentras actualmente en él y, de la misma manera, no puedes diseñar una ruta para tu estudiante a menos que sepas la posición desde la que partes.

Una forma natural de determinar esto es a través de preguntas simples para medir el conocimiento de tu estudiante. Por ejemplo, podrías conseguir una hoja de papel y dibujar literalmente un mapa mental del material con el que tu hermano tiene problemas.

En el centro del mapa mental, puede escribir «capítulo 9» o «magnetismo» y luego dibujar ramas para indicar los diferentes aspectos de este tema que deben entenderse e integrarse. Una vez que hayas esbozado un mapa mental, puedes comenzar a ver las lagunas. Puedes notar que faltan por completo ciertos conceptos del capítulo anterior sobre electricidad, y es esta falta de comprensión lo que dificulta que tu estudiante comprenda ciertos aspectos del tema actual. No solo incluyas lo que se debe aprender en el mapa, sino que también incluye lo que ya se aprendió.

Al interrogar brevemente a tu hermano y escuchar su valoración sobre lo que le parece difícil, comienzas a comprender que parte de su dificultad para captar el magnetismo es su conocimiento incompleto sobre la carga eléctrica, que a su vez se debe a que no comprende correctamente la estructura atómica, es decir, la relación entre los electrones de un átomo y su carga total. Es genial tanto para el profesor como para el alumno ver que el conocimiento o la habilidad que abordan es finito en tamaño y exactamente donde encaja en el esquema más amplio de las cosas.

Una vez que estés al tanto de lo que tus alumnos ya saben, puedes usar sus conocimientos preexistentes para enseñarles de muchas maneras efectivas. Una de esas formas es problematizar lo que tus estudiantes ya creen. Cuando se hace correctamente, esta es fácilmente la mejor manera de llamar la atención, fomentar la curiosidad y motivar a los estudiantes a aprender más sobre algo que han descubierto que no saben tan bien como pensaban. El primer día, les pides a tus estudiantes que hagan breves comentarios de lo que creen que es una nación.

Para la siguiente clase, tomas algunas de las respuestas más comunes y pides a algunos de los estudiantes que las dieron que expliquen sus pensamientos. Luego, señalas el problema con su explicación. Esto no significa decirles que están equivocados, sino solo que debes exponer las lagunas en sus conocimientos. Pero al mostrar que estas definiciones están incompletas, empujas a los estudiantes a aclarar sus conocimientos preexistentes y agregarlos de manera matizada.

La técnica Feynman La capacidad de hacerte preguntas a medida que aprendes y a medida que pasas de lo conocido a lo desconocido, es una parte clave de la metacognición o del pensamiento sobre el pensamiento. El «interrogatorio elaborado» es solo un método para hacerse preguntas que se centra en ver la imagen completa detrás de un fragmento de información.

. . .

La Técnica Feynman, llamada así por el famoso físico Richard Feynman, es otra forma de discutir contigo mismo. La técnica de Feynman es un modelo mental que fue acuñado por el físico Richard Feynman, ganador del premio Nobel.

Conocido como el «Gran explicador», Feynman fue reverenciado por su capacidad de ilustrar con claridad temas densos como la física cuántica para prácticamente cualquier persona. Este método también permite medir tu comprensión de un tema determinado. Si se lleva a cabo correctamente, la técnica de Feynman demostrará si realmente comprendes un tema o si has pasado por alto ciertos conceptos importantes. También es adecuado para casi todos los temas imaginables, lo que te permite ver las lagunas en tu conocimiento que deben corregirse.

Supongamos que queremos entender los conceptos básicos sobre la gravedad o explicárselo a otra persona. O queremos ver qué nivel de comprensión tenemos sobre la gravedad.

. . .

Cuanto más simple y breve sea la explicación, más difícil será hacerlo. Este es el paso verdaderamente importante porque mostrará exactamente lo que haces y lo que no entiendes sobre el concepto de gravedad.

Si puedes resumir la información o un tema en dos oraciones de una manera que un niño de cinco años pueda entenderlo, probablemente tengas cierto nivel de dominio.

Es posible que puedas explicar qué sucede con los objetos que están sujetos a la gravedad y qué sucede cuando hay gravedad cero. También podrías explicar las causas de la gravedad. Casualmente, esta es la razón por la que enseñar una habilidad o información a otros es una herramienta tan poderosa para tu propio aprendizaje.

Te obliga a volver a examinar lo que sabes y ponerlo todo de una manera que permita a otra persona tener también una completa comprensión. Si no pudiste encontrar una breve descripción de la gravedad en el paso anterior, entonces está claro que tienes grandes lagunas en tus conocimientos. Este paso te implora que investigues la gravedad y aprendas lo suficiente para poder describirla de una manera sencilla. Ser capaz de analizar información y desglosarla de forma sencilla demuestra conocimiento y comprensión.

Si no puedes resumirlo en una oración, o al menos de una manera breve y concisa, todavía tienes puntos ciegos sobre los que debes aprender. Este es un aspecto no negociable de la técnica.

Finalmente, crea una analogía para el concepto. Hacer analogías entre conceptos requiere una comprensión profunda de los rasgos y características principales de cada uno, e incluso puede transferir esa comprensión a diferentes contextos.

Puedes verlo como la verdadera prueba de tu comprensión y si todavía posees puntos ciegos en tu conocimiento. La gravedad es como cuando pones el pie en un charco y las hojas de la superficie del agua se sienten atraídas por él debido a una atracción invisible hacia la masa de tu pie. Esa atracción es la gravedad. Este paso también conecta información nueva con información antigua y te permite aprovechar un modelo mental funcional para comprender o explicar con mayor profundidad.

Ahora comprendes los límites de tu conocimiento. La técnica de Feynman es una forma rápida de descubrir lo que sabes frente a lo que crees que sabe, y te permite solidificar tu base de conocimientos. Generando un mapa conceptual no es necesario concentrarse demasiado en dibujar un «mapa mental» literal cuando se trata de comprender tus puntos ciegos cognitivos.

No es necesario concentrarse demasiado en dibujar un «mapa mental» literal cuando se trata de comprender tus puntos ciegos cognitivos.

La forma en que organices visual y conceptualmente el material dependerá naturalmente del tema en cuestión, y es posible que un mapa mental no siempre sea la mejor opción. Pero es casi seguro que tu tema se puede dividir en subunidades más pequeñas y simples que se conectan significativamente entre sí.

. . .

Si estuvieras enseñando la fotosíntesis, por ejemplo, podrías notar que para comprender el proceso necesitarías tanto una buena comprensión de los procesos químicos involucrados, como también las estructuras fisiológicas dentro de la célula donde estos procesos ocurren. Por último, necesitarías una forma de unir estos dos aspectos diferentes. Tu mapa o esquema puede incluir una tabla que muestre claramente qué proceso ocurre, en qué orden y en qué parte exacta de la celda. Esto no solo organiza tus esfuerzos, sino que al final te dejará un resumen útil para que tu alumno estudie.

Sin embargo, si le estuvieras enseñando a alguien cómo construir un ramo de boda desde cero, tu enfoque sería obviamente diferente. Puedes sentarse con tu alumno y construir juntos un mapa mental que describa primero tu objetivo general y luego dividir los elementos en una secuencia lógica. Comienza por delinear el «esqueleto» del ramo, luego completa con tipos de hojas que contrasten, luego agrega flores de soporte más pequeñas en un patrón de zigzag, luego introduce flores decorativas, etc. Lo importante es que tu mapa muestre claramente conexiones o relaciones entre diferentes subunidades.

Esto es lo que le permite a tu estudiante unirlo todo en un conjunto unificado.

Tratar de construir el mapa puede ser una experiencia de aprendizaje en sí misma, y puedes comenzar a enseñar mientras corriges y ajustas el mapa. Un mapa conceptual es invaluable. Puedes usarlo para que el estudiante haga y pruebe su propia hipótesis, o para hacer predicciones, es decir, el mapa puede ayudarlo a estructurar y dirigir su investigación en el futuro. El mapa sirve para solidificar la comprensión y fortalecer las habilidades.

Por ejemplo, podrías estar enseñando a alguien a soldar.

Una parte de tu mapa podría incluir detalles sobre de qué está hecha la soldadura y por qué. El alumno podría probar esto por sí mismo y ver qué sucede, y si sigue sucediendo en diferentes materiales base. Al hacerlo, el estudiante se está enseñando a sí mismo sobre la relación entre la composición, el punto de fusión y las propiedades de la soldadura.

. . .

Esta es la razón por la que el aprendizaje integrado o contextual es a menudo tan efectivo, porque nos permite establecer conexiones significativas entre piezas sueltas de información rápida y fácilmente.

La próxima vez que un estudiante de este tipo se enfrente a una soldadura deficiente, por ejemplo, podrá diagnosticar con mayor precisión el problema o incluso predecir su composición en función de su apariencia. En esencia, ha internalizado su propio mapa mental y puede usarlo él mismo para explorar el tema, sin un maestro. Sacar el máximo de las analogías Además de usar diferentes tipos de analogías para mejorar la retención de los materiales de aprendizaje, existen algunos consejos respaldados por la ciencia que puedes emplear para mejorar aún más la productividad de estas analogías para tus estudios.

1)Utiliza diferentes tipos de analogías para el mismo tema

Dado que las analogías te obligan a realizar transferencias mentalmente, desafían tu comprensión de los conceptos clave de diferentes maneras según el tipo que utilices. El primer tipo de analogía que puedes utilizar es Antónimo.

. . .

Un tercer tipo de analogía que podemos intentar es Cosa/Característica. Asimismo, puedes utilizar múltiples analogías para tus propios conceptos y temas.

2) Utiliza ejemplos para reafirmar constantemente tu aprendizaje.

El uso de ejemplos es importante porque ayuda a los principiantes a aprender a través de su propio conocimiento del contenido de esos ejemplos. Los expertos pueden omitir ejemplos porque ya están muy al tanto del tema.

Pero, en la mayoría de los casos, los ejemplos ayudan a dar sentido a ideas complejas y te proporcionan herramientas para recordarlas de manera más eficiente.

Si estás estudiando sistemas éticos, toma nota de las diferentes situaciones en las que se aplican. Ejemplos como estos animan tu estudio, ya que hacen que el contenido complicado sea mucho más realista y relevante para el mundo que te rodea.

. . .

3) Recuerda el propósito de la analogía.

A menudo es fácil usar analogías para comprender mecánicamente conceptos particulares, sin embargo, olvida por qué la analogía es apropiada en primer lugar.

Por ejemplo, si a un estudiante se le pregunta qué es la mitocondria, dice que «es la fuente de energía de la célula», ya que es una analogía estándar en los libros de texto de biología. Sin embargo, muchos recuerdan la comparación sin comprender qué significa que las mitocondrias sean la fuente de energía de una célula. Una forma de evitar este problema es enmarcar tus analogías de manera que indiquen claramente el propósito o la función de la comparación. En el caso de las mitocondrias, considera qué función tendría que cumplir para ser una «fuente de energía» para la célula.

Tendría que proporcionar energía a la célula, lo que se conoce con más precisión como energía. Otra cosa que puedes hacer es enumerar algunos inconvenientes de la analogía. «Fuente de energía» puede implicar que simplemente almacena energía.

· · ·

4) Reserva las analogías para conceptos más difíciles.

Si bien puede resultar tentador utilizar analogías a lo largo de tus estudios, es aconsejable reservar su uso para ideas más complejas. Los estudiantes a menudo encuentran que el uso de analogías para conceptos e información más fáciles puede causar confusión mental y desorden. Concentra tu energía en conceptos más difíciles, especialmente porque utilizarás múltiples analogías para el mismo concepto. Utilizar señales visuales y basadas en texto es una buena manera de mejorar la retención y la comprensión de acuerdo con la teoría del aprendizaje multimedia.

Utiliza también comparaciones apropiadas para tu analogía en el lado izquierdo del formato de analogía académica. Esto hará que la relación entre los componentes principales de tu analogía sea más clara sin requerir demasiada relectura. ¿Cómo explicarías un nuevo negocio a alguien que no tiene ni idea sobre el tema? «Es como el Uber de X, excepto A, B y C». Cuando buscamos hacernos entender, a menudo usamos analogías, estas brindan comprensión y contexto de forma instantánea, porque nuestros pensamientos pueden enfocarse en un concepto singular y luego lentamente comienzan a diferenciarse hasta la comprensión.

Y, por supuesto, vincular nuevos conceptos e información a través de la analogía es otro gran método para consolidar el aprendizaje en el conjunto de conocimientos. A pesar de nuestras tendencias naturales, las analogías se subestiman y se pasan por alto como partes importantes de la cognición humana. En contraste con esta presunción, algunos neurocientíficos, como el profesor Douglas Hofstadter de la Universidad de Indiana, afirman que las analogías son la base de todo pensamiento humano. Su razonamiento es que las analogías nos permiten comprender las categorías, y las categorías son la forma en que distinguimos la información y los conceptos entre sí.

Es nuestra capacidad para identificar semejanzas, una forma de hacer analogías, lo que nos permite discernir similitudes y, por lo tanto, categorizar objetos de diferentes maneras. Las ideas aún más complejas y de orden superior se forman al hacer analogías. Nuestro entendimiento, y por lo tanto las analogías que usamos para describir el mundo, evolucionan a medida que envejecemos y estamos expuestos a ideas en nuestras vidas y culturas. Pero no importa lo que aprendamos, debe filtrarse a través de un cerebro que categorice, y así comprenda, el mundo formando analogías y discerniendo diferencias entre objetos e ideas.

. . .

Cuando distinguimos conscientemente diferentes elementos y creamos analogías mientras aprendemos nueva información, aceleramos el proceso de integración de nuestro nuevo conocimiento en nuestras mentes.

Como mencionamos, las analogías brindan un contexto instantáneo, un modelo mental para la información que estás mirando, y luego te queda diferenciar lentamente y desarrollar los detalles. Por ejemplo, antes mencionamos que las nuevas empresas se describen con frecuencia como «el Uber de X». Uber es una empresa de viajes compartidos que funciona llamando a los conductores que no son taxistas para ayudarte a transportarte usando sus propios vehículos personales.

Por lo tanto, cualquier cosa que se describa como «el Uber de X» estaría implícito en involucrar a personas con sus propios vehículos, entregando o conduciendo personas o cosas. Cuando tomas una nueva información e intencionalmente encuentras una manera de crear una analogía con ella, estás encontrando un modelo similar de información que requiere comprensión suficiente para comparar y contrastar dos conceptos, y comprendes mejor los dos modelos lo suficientemente bien como para establecer en qué se diferencian. Ahí es donde se produce la síntesis de aprendizaje más profunda. Primero encontrarías una información existente y familiar recordándote el proceso para la nueva legislación. Documenta lo que todo esto significa para la nueva legislación.

Aportes: Los mapas conceptuales son modelos simplificados de material más complejo que aclaran las conexiones entre diferentes ideas.

Tanto el alumno como el profesor pueden dibujar mapas conceptuales para medir las lagunas de conocimiento, planificar lecciones, aprender esas lecciones y evaluar la eficacia de ese aprendizaje. Los mapas conceptuales consisten en fragmentos simplificados o piezas de información organizadas para resaltar las relaciones o conexiones entre ellos.

Sin embargo, también puedes combinar el uso de mapas basados en conceptos con un enfoque basado en la indagación y problematizar lo que los estudiantes ya saben para que estén más curiosos y ansiosos por aprender más.

3

Elementos básicos

Los capítulos anteriores han cubierto los principios básicos y los enfoques teóricos que debes adoptar al emprender la tarea de convertirte en el mejor maestro posible. En este capítulo, profundizaremos en los aspectos más prácticos de la enseñanza y examinaremos algunos métodos y técnicas populares para aplicar la filosofía que ya describimos. El método SQ3R Para la gran mayoría de las materias escolares, los libros de texto son el centro del programa de estudio junto con las conferencias y los debates. El plan de lecciones completo de un maestro típico para un año generalmente se basa en la estructura y secuencia de al menos un libro de texto.

. . .

Multiplica un libro grande por la cantidad de clases que un estudiante tiene en un semestre determinado y tendrás una mochila con un sobrepeso preocupante, casi tan pesada como las expectativas de sus maestros de que lean todas y cada una de las páginas de esos libros.

Los libros de texto son densos, detallados, con muchas anotaciones y largos. Robinson desarrolló un método destinado a ayudar a los estudiantes a obtener la mayor comprensión de los textos que se les asignan y, por lo tanto, de la materia que están estudiando. Robinson buscó una manera de hacer que la lectura fuera más activa, ayudando a los lectores creando un compromiso dinámico con los libros para que la información se quedara en sus mentes.

El entorno tradicional de lectura y regurgitación del aula no es ciertamente el más eficaz, pero es el único modelo que la mayoría de nosotros conoce. El primer paso del método es obtener una descripción general de lo que leerás. Los libros de texto y las obras de no ficción no son como la ficción o la literatura narrativa en la que simplemente comienzas desde el principio y avanzas a lo largo de cada capítulo. Las mejores obras de no ficción están organizadas para impartir información de una manera clara y memorable y se basa en cada capítulo anterior.

Primero debes obtener una visión general, antes de profundizar en el Capítulo 1. El componente de la encuesta te permite obtener la introducción más general al tema para que puedas establecer y dar forma a los objetivos que deseas lograr al leer el libro. Si el libro está ilustrado con imágenes o gráficos, los revisarías. Al usar el paso de la encuesta, estás estableciendo expectativas sobre lo que vas a leer y se está dando un marco inicial para estructurar tus objetivos para leer el material.

Por ejemplo, supongamos que estás leyendo un libro para aprender más sobre geología. Hay un prefacio que describe el contenido del libro y cómo están organizadas las ilustraciones. Eso me dice que el libro iniciará con elementos geológicos concretos, seguirá hacia cómo se forman con el tiempo, sucesos importantes y lo que podríamos esperar en el futuro. Esa es una suposición bastante buena del libro.

Luego, cada parte se divide en capítulos, que se dividen a su vez en una tonelada de títulos y subtítulos, demasiados para mencionarlos aquí, pero brindan un resumen más matizado de lo que abarcará cada sección. Cuando realizas una encuesta y conoces la importancia de lo que estás aprendiendo actualmente, puedes comprenderlo mejor al instante.

Más allá de los libros, debes examinar todos los conceptos importantes de una disciplina. Si no puedes encontrarlo dentro de una estructura como la tabla de contenido de un libro, entonces debes poder crearlo tú mismo.

Sí, esta es la parte difícil, pero una vez que seas capaz de exponer todos los conceptos y comprender cómo se relacionan entre sí, al menos en un nivel superficial, ya estarás un paso por delante de los demás. Utiliza el componente de la encuesta para formar un resumen de lo que aprenderás.

En cierto sentido, es más como si estuvieras tramando un «libro» metafórico para ti mismo.

Deberás estar atento a las frases o conceptos que aparecen en varias fuentes diferentes, ya que representan elementos que surgen con frecuencia en el campo elegido y pueden ser cosas que debes saber.

Dibuja conexiones y relaciones de causa y efecto incluso antes de sumergirte en cualquiera de los conceptos en detalle. Por ejemplo, supongamos que quieres estudiar la historia del cine europeo. Al escribir «historia del cine europeo» en Google, surgen muchas posibilidades interesantes, y algunas de ellas se pueden usar para formar el esquema que desees.

Puedes buscar materiales de lectura en Amazon y encontrar los que te parezcan más fidedignos.

La base de datos de películas de Internet puede ayudarte a encontrar las películas europeas más importantes para ver.

Puedes descubrir qué directores europeos son los más citados y parecen ser los más importantes e influyentes.

. . .

Puedes investigar qué películas europeas están mejor calificadas y por qué. Se te ocurrirá un plan para estudiar cada uno, tal vez estudies un capítulo de un libro sobre la historia del cine europeo temprano, luego verás un par de películas que representen la época en la que te encuentres en este momento y luego harás una tarea de revisión de las películas.

Antes de sumergirte y, por lo tanto, comprendes en qué te estás metiendo y por qué. En la segunda etapa del método SQ3R, todavía no te sumerges en lo más profundo. Durante la etapa de preguntas, trabajarás un poco más profundamente para preparar tu mente más para concentrarte e interactuar con el material que estás leyendo. Observarás un poco más de cerca la estructura del libro y formularás algunas preguntas que te gustaría responder o establecerás los objetivos que deseas alcanzar.

En la fase de preguntas de leer un libro o, más precisamente en este punto, prepararse para leer, revisarías los títulos, encabezados y subtítulos de los capítulos y los reformularías en forma de pregunta. Esto convierte el título que el autor le ha dado en un desafío o problema para que tú lo resuelvas.

. . .

Por ejemplo, si estás leyendo un libro sobre Freud, podría haber un capítulo llamado «Fundamentos de los análisis de los sueños de Freud».

Volverías a escribir el título de este capítulo como «¿Cómo se originó el trabajo de Sigmund Freud sobre la interpretación de los sueños y cuáles fueron sus primeras ideas sobre el tema?».

Podrías escribir esa pregunta en el margen de tu libro. Si estás leyendo un libro de texto con preguntas de estudio al final de los capítulos, estas sirven como guías excelentes para lo que estás a punto de descubrir. En el libro de geología, me temo que no hay demasiados títulos de capítulos que puedas reformular como preguntas. En esta etapa, finalmente estás listo para sumergirte en el material.

Debido a que te has familiarizado con el terreno y te has formado algunas preguntas y metas para tus estudios, estás un poco más comprometido cuando finalmente te sientas a leer. Has estado revisando todo por un tiempo y probablemente estarás ansioso por finalmente sumergirte y responder las preguntas que has estado acumulando mentalmente.

Ahora estás siendo reflexivo y con ritmo en tu lectura para que puedas comprender mejor. Sé paciente con el material y contigo mismo.

Estás recibiendo información que podría ser muy densa, así que léela lenta y atentamente, una sección a la vez.

Lo más probable es que la lectura sea parte de tu plan de estudio, pero también puede ser material visual, cursos en línea y recursos de Internet. Con nuestro ejemplo de la historia del cine europeo, esto es obvio. Mira tus películas con ojo crítico.

En ciertos puntos, es posible que desees rebobinar para captar imágenes visuales, diálogos o acciones que puedan ser relevantes. Verifica las películas con los libros que estás leyendo o los cursos en línea que estás tomando para responder cualquier pregunta o línea de pensamiento que puedas tener. Este paso es crucial para procesar la información que estás aprendiendo y es la mayor diferencia entre leer para aprender y leer para entretenerse. Ahora que estás familiarizado con el material, el objetivo de la fase de recitación es reorientar tu mente y atención para concentrarte y aprender más plenamente a medida que avanzas.

En otras palabras, este paso se trata de una recitación literal.

Este es también el punto en el que tomas muchas notas en los márgenes del texto y subrayas o resaltas puntos clave. La recitación es verbal y también a través de la escritura. Sin embargo, es importante reafirmar estos puntos con tus propias palabras en lugar de simplemente copiar frases del libro en una hoja de papel.

Al hacer esto, estás tomando el nuevo conocimiento y expresándolo en frases cuyo significado ya conoces. Esto hace que la información sea más fácil de captar en un idioma que comprendas. Mi libro de geología tiene márgenes bastante amplios a los lados de las páginas, por lo que tengo un buen espacio para reformular y reescribir los puntos clave, así como resaltar conceptos importantes.

«Similar a los jugadores de béisbol».

Lo que estoy haciendo aquí es poner un solo fragmento de información en dos frases distintas, una de las cuales tuve que inventar yo mismo. Esta es una herramienta enorme que se usa en la memorización y también es una excelente manera de hacer que la información sea más significativa para mí personalmente. También agregué un poco sobre el béisbol porque me gusta el béisbol, y hace que el concepto sea comprensible al instante. Este proceso, que se repite a lo largo de todo un libro, multiplica por sí mismo tu capacidad de aprendizaje.

La fase de recitación en la organización de tus estudios es excelente porque funciona en diferentes medios y hay muchas formas de expresar tus preguntas y repeticiones.

. . .

Volviendo a nuestro ejemplo del cine europeo, si estás viendo El Séptimo sello de Ingmar Bergman, puedes escribir preguntas sobre sus referencias bíblicas, la dirección de arte, los referentes medievales o la cinematografía.

También puedes escribir un resumen o hacer un video blog de la película y abordar las secuencias clave que son más relevantes para tus preguntas. También puedes compararlo con otras películas de Bergman o notar las similitudes que tiene su estilo con otros directores que estás estudiando.

La etapa final del plan SQ3R es cuando repasas el material que has estudiado, te vuelves a familiarizar con los puntos más importantes y desarrollas tus habilidades para memorizar el material. Robinson divide esta etapa en días específicos de la semana, pero solo mencionaremos algunas de las tácticas en general.

Puedes revisar tus notas, crear tarjetas didácticas para conceptos y terminología importantes, reescribir la tabla de contenido con tus propias palabras y construir un mapa mental. Cualquier tipo de práctica que te ayude a profundizar, asimilar y memorizar información está bien . También puede mejorar tus habilidades de organización mental para que puedas utilizar esta práctica para otros temas. También podría trazar el proceso de glaciación en un diagrama de flujo o en algún otro medio visual.

También puedo anotar las preguntas que surgen y que el libro dejó sin respuesta o me hicieron querer investigar más a fondo. Puedes utilizar la mayoría de los elementos de la fase de revisión del libro para planificar el estudio de la misma manera. En nuestro ejemplo de cine europeo, podría crear un catálogo o una base de datos para directores de cine europeos que describa su trabajo, sus temas principales o sus elecciones de estilo. Es exhaustivo y detallado y requerirá paciencia y una gran organización para llevarlo a cabo.

Al explicar el método SQ3R, analizamos brevemente el papel de la organización y las notas y cómo impactan en el autoaprendizaje. Acatar el florecimiento Otra herramienta útil se llama taxonomía de Bloom, creada por Benjamin Bloom en 1956 como una forma de medir el rendimiento académico de los estudiantes universitarios. Desde entonces, ha sido un elemento básico en las instituciones académicas como marco para la elaboración de lecciones que aseguren una comprensión completa en los estudiantes. Para nuestros propósitos, es una guía literal paso a paso de lo que es necesario para hacer avanzar tu comprensión.

La taxonomía de Bloom esencialmente establece que, para el nivel más alto de comprensión del tema, hay seis niveles secuenciales que debemos poder completar. La mayoría de las personas nunca pasarán de todos los niveles de la taxonomía, así que no seas víctima de ese destino.

Dividir el material en partes constituyentes y determinar cómo las partes se relacionan entre sí y con una estructura o propósito general a través de la diferenciación, organización y atribución. Una vez que llegues al nivel superior de «crear», se puede considerar que tienes un conocimiento profundo de un tema.

Sin embargo, sin avanzar a través de cada nivel de la taxonomía, no puedes realizar adecuadamente los siguientes niveles. Vemos esto ilustrado en nuestras vidas todos los días cuando alguien que no tiene una comprensión adecuada de un tema busca evaluarlo y emitir un juicio sobre él. La taxonomía de Bloom es una herramienta particularmente útil para ayudar a guiar y dar forma a tu proceso de aprendizaje. Básicamente, la taxonomía es una lista de cómo desarrollar activamente la experiencia en un tema.

Se centra en los procesos mentales que te permiten enmarcar la información y analizarla, cada verbo es una especie de herramienta mental para captar y manipular nuevos datos entrantes. El marco de Bloom es excelente porque es muy versátil y se puede usar literalmente en cualquier lugar. En el aula, en el trabajo o en el diseño de tus propios sistemas para lograr sus objetivos personales, esta taxonomía te ofrece una forma abreviada de trabajar. Toda la taxonomía se basa en el proceso mental de aprendizaje, que en realidad se puede resumir bastante bien.

Antes de que puedas comprender un concepto, debes recordarlo. Para aplicar un concepto, primero debes entenderlo. Para poder evaluar un proceso, debes haberlo analizado. El desafío es la introspección y la comprensión de dónde te encuentra actualmente en la taxonomía, porque solo entonces puedes determinar con precisión lo que se requiere para avanzar en tu dominio.

Primero, recordar contiene elementos como escuchar, encontrar información, memorizar activamente datos, marcar información importante para volver a ella más tarde, resaltar puntos clave para sintetizar más tarde y repetir la información una y otra vez para explorarla. Este aspecto se trata de tomar información y arreglarla de alguna manera para que puedas guardarla y recuperarla más tarde. También estás ayudando a tu memoria a largo plazo a anotar información cada vez que tabulas o colocas información en viñetas fáciles de recordar. La comprensión ocurre cada vez que nos involucramos con la información de manera más activa.

Categorizar datos, agrupar información en fragmentos, inferir de los datos que tienes y predecir eventos futuros basados en ellos, resumir y reescribir en otras palabras son todas operaciones cognitivas destinadas para llegar al significado más profundo de un conjunto de símbolos o patrones. Si alguna vez has intentado explicar algo complicado a alguien que no está familiarizado con el concepto, es posible que te haya resultado útil darles un ejemplo relacionado. Podrías hacer una metáfora a partir de un concepto que entenderían más fácilmente y mostrar cómo las ideas se relacionan entre sí. Esta relación y asociación es clave para desarrollar una comprensión profunda de un tema.

Aquí es, en términos generales, donde la información se lleva al «mundo real» y se manifiesta, ya sea ejecutando, dibujando, actuando o articulando.

Estamos tratando de comprender utilizando diferentes modelos. De hecho, la taxonomía de verbos de Bloom es en sí misma una forma de «aplicar», es decir, elaborar gráficos o presentar información de una manera concreta, es decir, aplicar los conceptos abstractos para manifestar un modelo, idea o concepto. Pintar, preparar, exhibir, recrear e incluso jugar son todos verbos asociados con esta categoría de la taxonomía. Cada vez que creas un gráfico circular para ilustrar datos, conviertes un plan en realidad o diseñas un experimento que realmente se lleva a cabo, estás «aplicando».

. . .

La cuarta categoría es el análisis, que se explica por sí mismo. Los verbos en esta categoría incluyen cuestionar, explicar, organizar, deconstruir, correlacionar y calcular.

Esto incluye todos aquellos verbos que nos muestran operando y manipulando activamente la información que llega, no solo para pasarla de una forma a otra, sino para observar de cerca sus componentes, tratando de comprenderlos. En la categoría anterior, el análisis es neutral en cuanto a valores y simplemente se trata de comprender.

Esta categoría, sin embargo, se refiere a cosas como criticar, calificar, reflexionar, revisar, evaluar y validar. Aquí es donde nuestros cerebros practican el discernimiento y la comparación de la información con los objetivos establecidos. Más bien, este modelo es una herramienta para ayudarte a jugar con la información y verla desde muchos ángulos diferentes, de la misma manera que se podría usar una caja de herramientas con lentes de diferentes colores para ver la misma información con diferentes luces. Cuando intentas aprender y memorizar, involucrarte de manera activa y deliberada con la información hace una gran diferencia, no solo de una o dos formas, sino de tantas como sea posible.

Después de todo esto, puedes preguntarte si estos métodos realmente te están ayudando a retener el material y utilizar tu evaluación para guiar el desarrollo de sistemas mejorados de aprendizaje. Suena tedioso, y puede serlo, pero ese es el verdadero camino hacia la síntesis de información. De hecho, es este arduo trabajo mental y esta lucha lo que realmente consolida los conceptos y hechos en tu cerebro. Repetición espaciada El primer método está dirigido directamente a lidiar con la superación del olvido.

La repetición espaciada, también conocida como práctica distribuida, es exactamente lo que parece. La razón por la que es una técnica tan importante para mejorar tu memoria es que combate el olvido directamente y te permite trabajar dentro de los límites de las capacidades de tu cerebro. La repetición espaciada ayuda a la última parte, la recuperación. Para memorizar más y retener mejor la información, espacia el ensayo y la exposición a ella durante el mayor tiempo posible.

. . .

La repetición espaciada tiene más sentido si imaginas tu cerebro como un músculo. Los músculos no se pueden ejercitar todo el tiempo y luego volver a trabajar con poca o ninguna recuperación. Tu cerebro necesita tiempo para hacer conexiones entre conceptos, crear memoria muscular y, en general, familiarizarse con algo. Se ha demostrado que el sueño es el lugar donde se establecen las conexiones neuronales, y no es solo mental.

Se forman conexiones sinápticas en tu cerebro y se estimulan las dendritas. El descanso y la recuperación son necesarios para la tarea de aprender y, a veces, el esfuerzo no es lo que se requiere. A continuación, se muestra cómo se vería un horario centrado en la repetición espaciada.

Revisar las notas sobre la historia de España, pero no limitarse a revisar pasivamente.

Asegúrate de intentar recordar la información de tu propia memoria. Recordar es una forma mucho mejor de procesar la información que simplemente volver a leer y revisar. Esto puede llevar solo veinte minutos.

Intenta recordar la información sin mirar mucho tus notas.

Esto probablemente te llevará solo quince minutos. Esto llevará diez minutos. Intenta recordar de nuevo la información de forma independiente y solo mira tus notas una vez que hayas terminado para ver qué más has olvidado. Esto le llevará solo diez minutos.

Esto tomará diez minutos. Sesión de recuperación activa. Al observar este programa, ten en cuenta que solo estás estudiando setenta y cinco minutos adicionales durante la semana, pero que has logrado pasar toda la lección seis veces más.

No solo eso, es probable que hayas memorizado la mayor parte porque estás utilizando la recuperación activa en lugar de revisar pasivamente tus notas. Estás listo para una prueba el próximo lunes. La repetición espaciada le da a tu cerebro tiempo para procesar conceptos y hacer tus propias conexiones y saltos debido a la repetición. Lo relacionas con otros conceptos o información, y generalmente le das un cierto sentido.

. . .

Todo esto, por supuesto, está diseñado para enviar información de tu memoria a corto plazo a tu memoria a largo plazo. Muy poco tiende a convertirse en memoria a largo plazo debido a la falta de repetición y análisis más profundo. En ese punto, se convierte en la memorización de memoria en lugar del aprendizaje de conceptos que discutimos anteriormente, que está destinado a desaparecer mucho más rápidamente.

Cuando te propongas aprender algo, en lugar de medir la cantidad de horas que le dedicas, intenta medir la cantidad de veces que vuelves a consultar la misma información después del aprendizaje inicial. Haz que tu objetivo sea aumentar la frecuencia de los repasos, no necesariamente la duración. Ambos importan, pero la literatura sobre la repetición espaciada o la práctica distribuida deja en claro que es necesario un respiro. Es cierto que este tipo de aprendizaje óptimo requiere más tiempo y planificación de lo que la mayoría de nosotros estamos acostumbrados.

Para prepararnos para una prueba, examen u otro tipo de evaluación, no necesitamos material para que quede completamente en nuestra memoria a largo plazo. Solo lo necesitamos para que pase un poco más allá de nuestra memoria de trabajo y se codifique parcialmente en nuestra memoria a largo plazo. No necesitamos poder recordar nada al día siguiente, es como si solo necesitáramos algo durante unas horas.

Es posible que no puedas hacer una verdadera repetición espaciada si estás aprendiendo en el último minuto, pero puedes simularlo de una manera pequeña.

En lugar de estudiar el tema X durante tres horas solo por la noche, trata de estudiarlo una hora cada tres veces al día con unas pocas horas entre cada vez. Estás haciendo la mejor imitación de la repetición espaciada que puedes con lo que tienes disponible. La cuestión es repasar a lo largo del día y obtener la mayor cantidad de repeticiones posible. Recuerda centrarte en la frecuencia en vez de la duración.

Durante el transcurso de tu repetición, asegúrate de estudiar tus notas, verlas en diferentes contextos y codificarlas de manera más efectiva. No tengas miedo de incluso intercalar material no relacionado para cosechar los beneficios de la práctica intercalada. Asegúrate de enfocarte en los conceptos subyacentes que gobiernan la información que estás aprendiendo para que puedas hacer conjeturas fundamentadas sobre lo que no recuerdas. Asegúrate de estar recitando y ensayando información nueva hasta el último minuto antes de tu prueba.

En su mejor día, tu memoria a corto plazo puede contener siete elementos, por lo que podrías salvarte con una información que nunca encajaría en tu memoria a largo plazo.

Incluso en situaciones en las que no tienes todo el tiempo que quisieras, puedes usar la repetición espaciada para concentrarte en las pruebas y, en general, simplemente obtener más información en tu cerebro, nuevamente, enfocándote en la frecuencia y no en la duración. Cuando extiendas tu aprendizaje y memorización durante un período de tiempo más largo y vuelvas a repasar el mismo material con frecuencia, estarás mejor. Pero si es así, lo siguiente que debes recordar es que un método para tomar notas solo vale si realmente ayudas a tu estudiante a comprender y retener nueva información.

Un gran error es adoptar alguna técnica de moda o que suene importante que no hace más que obstaculizar el aprendizaje, en lugar de facilitarlo. El método más famoso para tomar notas se llama método de Cornell, y los elementos se relacionan con lo que cubrimos anteriormente.

Haz que la columna de la derecha sea aproximadamente el doble del tamaño de la columna de la izquierda. Nombra la columna de la derecha como «Notas» y la columna de la izquierda como «Pistas».

Deja un par de pulgadas en blanco en la parte inferior de la página y nombra esa sección como «Resumen».

Ahora tienes tres secciones distintas, pero solo tomarás notas en la sección Notas a la derecha. Asegúrate de omitir algo de espacio entre los puntos para que puedas completar más detalles y aclaraciones en un punto posterior. No es necesario que pienses en la organización o en destacar mientras tomas los apuntes iniciales.

Registra tanto como sea posible en la columna de la derecha, ya que solo deseas capturar información en este punto. Una vez que hayas terminado de tomar apuntes, pasa al lado izquierdo de Pistas. Aquí es donde, para cada sección o concepto, filtras y analizas el lado de Notas y escribes las partes importantes en el lado de Pistas. Finalmente, una vez que hayas terminado con los lados de Notas y Pistas, ves a la sección Resumen en la parte inferior.

Aquí es donde intentas resumir todos los apuntes que acabas de tomar en algunas ideas y declaraciones de alto nivel, con solo los datos de respaldo importantes o las excepciones a las reglas. Quieres decir tanto en la menor cantidad de palabras como sea posible porque, cuando revises tus notas, debes poder comprenderlas rápidamente y no tener que deconstruir y analizar de nuevo. Tu objetivo es poder hojear la sección Resumen y Pistas y seguir adelante. Donde antes tenías una página llena de notas desordenadas, ahora tienes una pequeña sección de Resumen donde puedes comprender instantáneamente la nueva información.

. . .

También te permite memorizar de manera más efectiva, ya que nuevamente son solo unas pocas oraciones en comparación con una página que tendrías que analizar cada vez. sintetizar para una repetición más no está de más. Pero no está demasiado organizado, es solo una gran cantidad de información basada en lo que has escuchado.

Las notas de Cornell te obligan a pasar por las cuatro etapas y te ayudan a organizar mejor la información con tres secciones para hacer cumplir la información. Al completar este proceso, has creado tu propia guía de estudio. Mejor aún, también tienes todo el proceso que utilizaste para crearlo documentado en la misma página, desde las notas originales hasta la síntesis y el resumen. Tienes un registro de información que te permite profundizar tanto como quieras o referirte a lo que desees.

Estás haciendo que la información se ajuste a tu esquema mental, no al revés. En general, tomar apuntes no es una actividad pasiva y perezosa. Los apuntes están pensados para servir como algo a lo que puedas referirte, comprender instantáneamente y encontrar útil, en lugar de tener que descifrarlos. En un estudio que citó Brown, a los estudiantes se les permitió copiar notas palabra por palabra en algún material, pero se les pidió que reformularan otro material con sus propias palabras.

Cuando estos estudiantes fueron evaluados más tarde, hicieron un mejor trabajo recordando el material que habían parafraseado. Puede ser conveniente, para los estudiantes, si no para el profesor, proporcionar notas escritas para las conferencias. Pero la falta de esfuerzo inherente a este arreglo perjudicará al estudiante. De hecho, cuanto menos esfuerzo y participación sea capaz de hacer un estudiante para salir adelante, peor será el aprendizaje.

Tus notas son la forma en que tu cerebro procesará, comprenderá y memorizará la información. Eso significa que debes asegurarte de tener una buena base para comenzar. La mejor práctica final sobre la interacción con la información para los autodidactas es el arte de la auto explicación. Nuevamente, puedes reconocer elementos de esto del método SQ3R, específicamente la parte sobre la recitación.

. . .

Cómo utilizar la anotación útil Una última técnica que veremos en este capítulo implica no solo «lectura detallada» y anotaciones, sino también anotaciones intencionadas.

Nuevamente, esto depende en gran medida del material que estás tratando de enseñar y las habilidades, la edad y la personalidad de tu estudiante. La lectura es en realidad un proceso muy activo y requiere un constante ir y venir entre el material de la página y tu absorción y comprensión de esa información.

Más que esto, la lectura no es solo una actividad aislada, siempre está integrada en un panorama más amplio.

Sin comprender este panorama general, la lectura puede parecer un poco inútil y desenfocada. Simplemente coger un libro y leerlo es una cosa. Muchos estudiantes universitarios se sientan con un libro de texto en una mano y un resaltador en la otra, destacando las secciones a medida que avanzan, sin tener idea de por qué han elegido este método o qué esperan lograr con él. Cuando tu estudiante hace anotaciones, debe hacerlo con un propósito previamente identificado.

Esto también se puede hacer alertándolo sobre la tarea que tendrá que completar después, es decir, un resumen, un análisis o una pregunta de comprensión. Si estabas hablando con una persona y te surgen dudas, podrías pedirle que repita lo que dijo, que reformule las cosas o que te haga una pregunta para asegurarte de que entiendes lo que está diciendo. Enséñale a tu alumno a leer de la misma manera, a estar atento y responder a lo que lee, y a interactuar con el texto haciendo resúmenes, conexiones, análisis o incluso argumentos a medida que lo lee. Por lo tanto, debemos alentar a nuestros estudiantes a participar con los textos antes, durante y después de la lectura.

Cuando leemos de esta manera, los apuntes se convierten en herramientas, o incluso en rutas de navegación que nos permiten encontrar rápidamente el camino hacia los conceptos y desde ellos. La verdad es que muchos estudiantes, de todas las edades, no tienen una inclinación natural a leer algo a menos que puedan ver alguna relevancia para sus propias vidas o las tareas que están tratando de lograr por sí mismos. Es importante que tú, como profesor, comprendas tus objetivos más amplios para que pueda preparar el escenario para el alumno. Si deseas que absorba la información en general, concéntrate en hacer un resumen o un esquema simple.

Si deseas que se involucre de manera más significativa con el material en sí, pídele que analice el contenido más de cerca.

Si deseas asegurarte de que realmente comprenda los puntos en lugar de simplemente memorizarlos, hazle preguntas de comprensión o pídele que parafrasee. Una vez que sepa lo que está haciendo, el alumno puede decidir qué anotación funcionará mejor. No hay necesidad de seguir reglas específicas de anotaciones, bolígrafos codificados por colores, símbolos especiales, etc. De hecho, un sistema que tu estudiante diseñe completamente por su cuenta probablemente sea mucho más efectivo.

Tu objetivo como maestro es guiar a tu estudiante a un lugar donde se sienta empoderado, seguro y lo suficientemente curioso como para controlar el proceso de lectura y dirigirlo él mismo.

Encontrar que establecer una tarea de lectura de la manera correcta conduce naturalmente a que el estudiante tome notas. Recuerda, el punto no es generar notas bonitas, sino facilitar los procesos cognitivos internos que surgen con la verdadera comprensión. Quieres internalizar el proceso lento y deliberado de interacción con material nuevo. El método SQ3R es una manera de dar forma al proceso de aprendizaje, a través de Encuesta, Pregunta, Lectura, Recitar y Revisar.

La taxonomía de Bloom explica que el dominio es acumulativo y procede a través de niveles de comprensión cada vez más profundo. La idea es recitar o repasar el material a intervalos frecuentes espaciados durante un período tan largo como sea posible, en lugar de «abarrotar» todo a la vez, lo cual es menos efectivo. La clave es la coherencia y la práctica espaciada, lo que permite que el estudiante recuerde lo aprendido. El Método Cornell para tomar notas le enseña a tu estudiante a tomar notas naturales, pero luego simplifica temas y puntos clave de esas notas y luego resume sus principales hallazgos, esencialmente generando un mapa conceptual del material.

· · ·

Esto mejora no solo la retención sino también la comprensión profunda. Finalmente, la anotación intencionada es algo que se hace durante la lectura, pero en realidad ocurre antes, durante y después de la lectura. Este conocimiento prepara y enfoca la lectura, y facilita la elección de métodos de anotación que funcionen en contexto.

4

Técnicas Avanzadas

El capítulo anterior cubrió un terreno posiblemente familiar, es decir, cómo un estudiante puede trabajar «más inteligentemente, no más duro» y usar una variedad de herramientas cognitivas de la manera más eficiente, lógica y satisfactoria. Aquí, nos extenderemos más allá de las técnicas habituales basadas en el aula y analizaremos de manera más filosófica el proceso de adquisición de conocimientos en sí. Aprendizaje basado en problemas Existe una leyenda urbana sobre los trabajadores metalúrgicos novatos.

Al resolver un problema o alcanzar una meta, el aprendizaje se hizo inevitable.

. . .

El aprendizaje basado en problemas es donde comienza con un problema que debe resolverse y obliga al aprendizaje a través del proceso de resolución de ese problema. Intenta lograr una meta que requiere aprendizaje.

En lugar de proponerse aprender X, la idea es establecer una meta de resolver el problema Y y, en el proceso, aprender X. Por supuesto, esto es pura transferencia de aprendizaje. Por lo general, aprendemos información y habilidades de manera lineal.

Incluso podría ser la forma en que estructuras tu aprendizaje cuando estás solo, porque no sabes nada diferente. El ABP requiere que identifiques lo que ya sabes sobre el problema y qué conocimientos y recursos aún necesitas, para averiguar cómo y dónde obtener esa nueva información y, finalmente, cómo armar una solución al problema. Quería impresionar a Jessica de la clase de español. Es una motivación noble y poderosa que ha sido el ímpetu de muchos cambios en la vida de un hombre joven.

Estábamos en la misma clase de español y tuve la suerte de sentarme justo detrás de ella. Resulta que a ella no le interesaba demasiado el español, por lo que constantemente se daba la vuelta y me pedía ayuda. Con eso en mente, comencé a estudiar y aprender español para que ella tuviera más razones para seguir dándose la vuelta y hablarme. Es asombroso lo que puedes hacer cuando tienes la motivación adecuada para ello, y probablemente aprendí a hablar con fluidez más rápido que nadie en la clase ese año.

Comenzaron con una palabra en el reverso de cada tarjeta, pero al final del año escolar, tenían de tres a cuatro oraciones en el reverso de cada una, todas en español. Obtuve una A + en la clase, una de las pocas en mi carrera en la escuela secundaria, pero nunca llegué a ninguna parte con Jessica. Puedes ver cómo concentrarte en resolver un problema puede ser más útil y educativo que simplemente leer un libro de texto o escuchar una conferencia. Una de las premisas básicas del libro de Dewey era aprender haciendo.

Vayamos hasta la década de 1960, cuando este tipo de aprendizaje tuvo su comienzo moderno. Las facultades de medicina comenzaron a utilizar casos y ejemplos de pacientes reales para capacitar a los futuros médicos. De hecho, así es como muchos estudiantes de medicina aprenden a diagnosticar y tratar a los pacientes. En lugar de memorizar un suministro interminable de hechos y cifras, los estudiantes de medicina pasaron por el proceso de diagnóstico y recogieron información a lo largo del camino.

Al hacer y responder a todas estas preguntas en el proceso del ABP, los estudiantes de medicina finalmente aprenden cómo tratar a los pacientes. Además de los antecedentes médicos, familiares y sociales, el estudiante querrá saber cuánto tiempo han estado ocurriendo los síntomas, a qué hora del día, qué actividades provocan dificultad para respirar y si algo lo empeora o mejora. Y luego, basándose en esos resultados, el estudiante elaborará un plan de tratamiento. Si el instructor quería que el estudiante aprendiera cómo lidiar con posibles problemas cardíacos, lo logró.

Al aplicar sus habilidades de investigación a casos del mundo real, el aprendizaje fue más realista, más memorable y atractivo para los estudiantes de medicina. Las investigaciones han demostrado que cuando el aprendizaje se basa en problemas para los estudiantes de medicina, el razonamiento clínico y las habilidades de resolución de problemas mejoran, el aprendizaje es más profundo y los conceptos se integran para una mejor comprensión general del material. El ABP obliga a los estudiantes a apropiarse de la solución y el enfoque, y absorben un concepto o un conjunto de información de una manera completamente diferente. Implica un profundo sentido de exploración y análisis, los cuales conducen a una mayor comprensión que la simple regurgitación.

El ABP también conduce a una mayor automotivación porque, en lugar de aprender por aprender, hay un problema de la vida real en juego, con consecuencias en la vida real. Al vivir en el «mundo real», por lo general no se nos dan escenarios de casos ni se nos asigna a proyectos grupales para ayudar en nuestros objetivos de aprendizaje.

Lo sepamos o no, podemos ponernos en posición de mejorar nuestro aprendizaje dirigiéndolo a propósitos específicos. Lo que sigue son algunos ejemplos de cómo encontrar un problema que requerirá un mayor aprendizaje de tu parte.

Una forma sería implementar un sistema de planificación de comidas que te permita probar nuevas recetas y técnicas. Tu familia necesita comer. Necesitas los ingredientes para hacer esas recetas, un horario de qué comida servir, cuándo y una estrategia sobre cómo abordarás las técnicas más avanzadas. Necesitas algún tipo de plan organizado para cuándo servirás cada cena, probablemente un calendario.

Es posible que desees identificar las habilidades específicas que deseas adquirir. Tal vez empieces pidiendo a los miembros de tu familia que compartan sus tres comidas favoritas contigo. Nuevamente, puedes hacer esto en tu computadora, o puedes encontrar una aplicación o imprimible para la planificación de comidas. No solo has creado un plan para las próximas comidas de tu familia, sino que has ideado una estrategia para seguir adelante semana tras semana, mes tras mes, mientras aprendes nuevas técnicas y mejoras tus habilidades culinarias.

Al desarrollar una estrategia de planificación de comidas, estás ahorrando tiempo y dinero, y puedes ver una disminución del caos y un aumento en la satisfacción de la familia con las comidas. La tostadora rota. Parece que tu tostadora ya no funciona y tienes tostadas para el desayuno todos los días. Tu tostadora no funciona.

. . .

Y te gusta mucho tu tostadora, un modelo que ya no se fabrica.

Deberás determinar la causa específica del mal funcionamiento de tu tostadora. Potencialmente, necesitarás alguna instrucción para aspectos del problema fuera de tu conjunto de habilidades actual. Necesitarás herramientas y suministros, así como tiempo y lugar para trabajar en tu tostadora.

En la etapa de recopilación de información, desmontarás tu tostadora para tratar de determinar el problema. Luego, una vez que hayas determinado el problema, hayas aprendido a solucionarlo y hayas realizado la reparación, podrás usar de nuevo tu tostadora. El aprendizaje basado en problemas proporciona un marco útil para una manera reflexiva y organizada de abordar un problema, desafío o dilema con el fin de aprender una nueva habilidad o información. Puedes pensar en el aprendizaje basado en problemas como una serie de pasos como se demuestra en los ejemplos anteriores.

Divide los pasos en elementos de acción. Identifica lo que aún necesitas saber y cómo obtendrás esa información. No solo retendrás mejor lo que has aprendido, sino que generalmente obtendrás una comprensión más profunda del problema y las soluciones que si hubieras adoptado un enfoque menos centrado. Si bien puede parecer que un enfoque basado en problemas tiene demasiados pasos y llevará demasiado tiempo, en general, tiende a ahorrarte tiempo a largo plazo, ya que no estás probando aleatoriamente una solución tras otra que está menos bien pensada.

Puede que tengas que ser creativo en cómo diseñar un problema o una meta en torno a algo que deseas aprender, pero este es el tipo de técnica de aprendizaje que disparará tu progreso. Después de todo, podemos ganar mucho sin aplicar lo que sabemos al mundo real a través de la transferencia de aprendizaje. Hemos dicho varias veces que no puedes esperar que la información te enseñe o se haga entender. Si no obtienes o no comprendes algo de una conferencia, libro o video, la respuesta seguramente no puede ser seguir leyendo el mismo pasaje una y otra vez.

No se está avanzando, por lo que obviamente el enfoque debe cambiar. Consideremos a dos personas que leen el mismo libro sobre la historia de España. Jimbo leerá y revisará la información. Sus respuestas se leen como viñetas.

. . .

Felicitaciones a Jimbo. Kunal, por otro lado, lee el mismo libro, pero solo lo hace una o dos veces, y en su lugar pasa el resto de su tiempo tratando de obtener una comprensión más profunda de los porqués y las motivaciones de los conquistadores y reyes españoles. Obtiene una A + en la misma prueba, una mejor nota porque mostró una visión más profunda de la que Jimbo podría poseer. Sus respuestas son más como ensayos, y aunque se olvidó de un par de detalles, dio saltos de razonamiento y juicio profundos debido a su comprensión más profunda.

Logró este nivel de dominio al hacer preguntas de sondeo y usarlas para respaldar hechos e información. Procesó la información y la contempló con sus preguntas. En el aprendizaje, se dice que las respuestas son mucho menos importantes que las preguntas que hace la gente. La memorización de la información es a veces la meta, pero si alguna vez queremos comprender más profundamente, las preguntas son el primer lugar para comenzar.

Las preguntas tomarán una pieza plana de información y la convertirán en una pieza de conocimiento viviente y tridimensional que interactúa con el mundo en general. El aprendizaje significativo solo ocurre cuando comprendes lo.

Que rodea a la información, como el trasfondo y el contexto. Dicho de otra manera, las buenas preguntas terminan por permitirnos triangular la comprensión. Al final, llegamos a una comprensión del mismo libro de texto que tiene matices y es más preciso. Su método de enseñanza fue en gran parte en forma de diálogos y preguntas, apropiadamente llamado el método socrático.

El método socrático es cuando haces preguntas sobre preguntas en un esfuerzo por diseccionar una afirmación o declaración para una mayor comprensión.

La persona que hace las preguntas puede parecer que está a la ofensiva, pero está haciendo preguntas para enriquecer a ambas partes y descubrir las suposiciones y motivaciones subyacentes de la afirmación o declaración. Es a partir de este proceso que tenemos un marco para un cuestionamiento efectivo. Las facultades de derecho estadounidenses son conocidas por utilizar el método socrático.

. . .

Un profesor le hará una pregunta a un estudiante, y luego el estudiante tendrá que defender su declaración contra el cuestionamiento de un profesor sobre los méritos de un caso o ley. No es contradictorio por naturaleza, pero obliga a alguien a explicar su razonamiento y lógica y, por supuesto, es probable que surjan lagunas en el conocimiento y fallas lógicas. Este proceso sirve al objetivo de una comprensión y un conocimiento más profundos. Cuando te lo haces a ti mismo, estás forzando la comprensión.

Te obligará a descartar tus suposiciones y ver qué es lo que te puedes perder. Si te interrogan sin piedad y te separan con el cuestionamiento socrático, lo que quede después será profundamente comprendido y validado. Si hay un error en tu pensamiento o una brecha en tu comprensión, serás encontrado, corregido y probado con una refutación. Como un breve ejemplo, imagina que le estás diciendo a alguien que el cielo es azul.

Esto parece una afirmación incuestionable que es una verdad fácil. Evidentemente, el cielo es azul. Pero recuerda, nuestro objetivo con las preguntas es adquirir un mejor conocimiento sobre el azul del cielo. Así que imagina que alguien te pregunta por qué sabes que es azul.

Hay muchas formas de responder a esa pregunta, pero decides decir que sabes que el cielo es azul porque refleja el océano, y que el océano es azul, aunque esto sea erróneo. El interrogador pregunta cómo sabes que es un reflejo del océano. Esta breve línea de preguntas socráticas acaba de revelar que no tienes idea de por qué o cómo el cielo refleja el azul de los océanos del planeta. Esa, en pocas palabras, es la importancia del método socrático.

Recuerda que el método fue utilizado por los profesores como una herramienta de enseñanza, por lo que está diseñado para impartir una comprensión más profunda y aclarar ambigüedades. Después de echar un vistazo brevemente a esta lista, es posible que comprendas cómo estas preguntas pueden mejorar tu aprendizaje y llevarte a llenar los vacíos en tu conocimiento. Pregunta por qué no se prefieren puntos de vista y perspectivas opuestos y por qué no funcionan.

. . .

Al principio, parece un disco rayado, pero hay un método para la locura.

Casi puedes imaginar cómo alguien podría descubrir que no sabe casi nada y que solo es capaz de regurgitar un conjunto limitado de hechos sin contexto o comprensión. Puedes aplicar el método socrático para asegurarte de que comprendes lo que crees que es. Puedes pensar en ello como un proceso sistemático de examinarte y comprobarte ti mismo.

Supongamos que escuchas de un amigo que la Inquisición española fue un proceso bastante humano de ligeros interrogatorios, con solo mutilaciones y azotes menores. En este caso, puedes utilizar las preguntas socráticas para corregir un error. Pensamiento crítico pero si alguna vez has seguido el método socrático en cualquier forma, felicidades, sin darte cuenta has practicado el pensamiento crítico. Al adoptar esta postura con un estudiante, de hecho, le estás modelando el proceso interno que un día realizará por sí mismo, mucho después de que hayas dejado de enseñarle.

. . .

Nuestro capítulo anterior se centró en el contenido y los métodos de absorción, organización, retención, etc. Pero el pensamiento crítico tiene que ver con el cómo de aprender, más que con el qué. El pensamiento crítico no se refiere a algo que somos, sino a algo que hacemos. Es un enfoque que, cuando se practica con la suficiente frecuencia, mejora no solo la calidad y la fuerza de nuestros pensamientos, sino que nos convierte en expertos en el aprendizaje, punto. Ya lo has visto con el método socrático, es decir, el principio de no dar nada por sentado.

Cuando haces una pregunta, inmediatamente te pones en la posición de no saber la respuesta, es decir, no asumir nada. Sin hacer suposiciones, abres el camino para una comprensión más profunda. Esta es la actitud que impulsa el método científico y se alimenta de una sincera curiosidad.

Como maestro, fomenta esta habilidad manteniéndote al margen tanto como sea posible.

En lugar de darle a tu estudiante opiniones preformadas y fijas, dale solo una pregunta para estimular su propio interés, permitiéndole llegar a conclusiones por su cuenta. Invita a tu alumno a desafiar todas y cada una de las suposiciones, incluso aquellas que enmarcan los parámetros de la relación de aprendizaje entre ambos. Hacer esto pone a tu estudiante en el centro de la investigación del aprendizaje y lo pone a cargo de su propio desarrollo y comprensión. El objetivo nunca es abarrotar la cabeza de tu estudiante con todas las cosas que crees que necesita saber, sino ayudarlo a lograr el tipo de mente abierta consciente y madura que le permite perseguir su propio contenido, de acuerdo con sus propias facultades.

Esto significa que no tenemos miedo de desafiar los prejuicios y las suposiciones, pero, por otro lado, también mantenemos una perspectiva neutral y suspendemos el juicio hasta que tengamos una razón suficiente para aferrarnos a una afirmación sobre otra.

Puedes modelar esta actitud para tus estudiantes manteniendo bajo control tu propio sesgo basado en el ego. Muéstrales que revisar tus creencias cuando se enfrentan a nuevas pruebas es simplemente parte del proceso. Los profesores pueden ser increíblemente tercos y de mente cerrada, ya que están tan acostumbrados a ocupar una posición de autoridad y corrección indiscutibles.

. . .

Sin embargo, puedes recorrer un largo camino si te involucras de manera proactiva con tus propios puntos ciegos, y es probable que te ganes la confianza y el respeto de tus estudiantes en el proceso. De hecho, una de las lecciones más importantes que puede impartir cualquier maestro es que este proceso es indistinguible del aprendizaje en sí mismo, y que las personas verdaderamente inteligentes nunca temen los errores, la ignorancia o que se demuestre que están equivocadas. Esto es lo que muchos llaman una «mentalidad de crecimiento», y elimina el miedo, los prejuicios y el ego de la imagen y coloca los datos y el conocimiento en el centro. Todos los humanos tienen creencias, preferencias, expectativas, fallas de pensamiento e historias personales únicas.

Pero ser un pensador crítico significa separar deliberadamente los hechos y la lógica de las creencias personales.

No ven las ideas o pensamientos como un equipo de fútbol favorito al que apoyan independientemente de las circunstancias, por lealtad o terquedad o por un sentimiento recto de que están en el «lado» correcto de las cosas. Más bien, los pensamientos y las ideas cambian y actualizan constantemente a medida que avanza el aprendizaje.

Hacia una mejor comprensión, que es siempre, siempre, el objetivo. Independientemente de lo que tu alumno esté aprendiendo, como profesor puedes fomentar este espíritu de examen crítico y abierto sin cerrar nunca una investigación seria y siempre dando la bienvenida al debate y al análisis. Apoya y válida a los estudiantes cuando reconozcan una falla en tu propia lógica, pero evita elogiar una idea sobre otra. Recuérdate a ti mismo y a un alumno que siempre es posible decir «No lo sé» o quizás «Todavía no lo sé».

En la vida real, rara vez hay respuestas sencillas y fáciles, pero puedes enseñarle a tu alumno a tolerar un cierto grado de matices y a sostener una idea sin necesidad de forzar una decisión o apresurarse a atribuirle opiniones y emociones.

Observemos de cerca algunas estrategias de enseñanza, ya sea en un aula más formal, solos o con un compañero, para que podamos ver cómo usarlas para medir la comprensión, ofrecer explicaciones, hacer preguntas y dar retroalimentación valiosa.

A medida que las leas y decidas si te gustaría usarlas para tus propósitos particulares, ten en cuenta que la técnica o actividad preferida es siempre la que mejor le permite a tu estudiante comprender realmente el material. Recuerda que todos estos están pensados para ser ejercicios interactivos, dinámicos y ajustables que te permitan ayudar al proceso de aprendizaje natural de tus estudiantes.

Esto fomenta el pensamiento comparativo y colaborativo, apoya el debate y la discusión y permite a los estudiantes ver aspectos que quizás no hayan considerado anteriormente.

Al final de la lección, pide al alumno que se tome un momento para escribir lo principal que aprendió, algo con lo que todavía tiene dificultad, además de las preguntas que tenga. Esto enfoca el aprendizaje y le permite estructurar su próxima lección de acuerdo con su comprensión actual, además de fomentar la autorreflexión activa. Reclutar estudiantes profesores Ya hemos visto lo útil que puede ser conseguir que un alumno con un conjunto de habilidades más avanzado enseñe y guíe a un alumno con uno menos desarrollado.

Una excelente manera de formalizar este proceso es dividir la lección en partes y luego asignarlas a grupos más pequeños de estudiantes, de modo que cada uno tenga la tarea de comprender solo una parte del todo.

Luego, mezcla los grupos para que los estudiantes tengan que transmitirse sus conocimientos entre sí y ver dónde encaja la nueva información con la de ellos. Los estudiantes son, por tanto, maestros de lo que saben y también estudiantes que intentan comprender lo que los demás saben. El resultado es una comprensión más profunda y completa de los elementos de una imagen más amplia.

Esta es una gran técnica para permitir que los estudiantes encuentren sus propias conexiones causales y vínculos significativos en un sistema mayor, en lugar de que tú se los describas directamente. Asignar un proyecto Enmarca la actividad de tus estudiantes como un proyecto que ellos dirigen y componen, con sus comentarios y orientación.

. . .

Luego, puedes pedirles a los propios estudiantes que determinen una rúbrica para calificar su proyecto y pensar en formas de medir su propio desempeño contra los resultados del proyecto. Usa ensayos o debates Puedes enfocar tu lección en un solo mensaje o pregunta y luego hacer que uno o más estudiantes respondan con un ensayo o argumento propio.

Pueden presentar o enviar este artículo o participar activamente en discusiones o debates con otros estudiantes.

También puedes pedirles a los estudiantes que califiquen fragmentos de ejemplo. Esto realmente te permitirá ver dónde está tu estudiante en términos de comprensión del material y podrás encontrar rápidamente brechas en la comprensión. También es una manera perfecta de animar a los estudiantes a «pensar por sí mismos» sobre las consecuencias e implicaciones más complejas del material que encuentran.

. . .

Al comparar varios de estos marcos dispares, los estudiantes pueden obtener una comprensión holística del concepto que todos están discutiendo. Utiliza la observación Puedes pedir a los estudiantes que dediquen un tiempo a observar una interacción, discusión o actividad y que respondan tomando notas, haciendo preguntas u ofreciendo su propio análisis e interpretación. De esta manera, el trabajo de otros estudiantes puede convertirse en datos para descomprimir y examinar. Al pedirle a tu alumno que observe algo en silencio, estás dirigiendo su atención, que luego puede concentrarse en hacer resúmenes o esquemas.

Por ejemplo, podrías hacer que algunos estudiantes participen en un debate y pedir a los otros estudiantes que observen y evalúen sus estrategias. Permiten que tus estudiantes trabajen de manera interactiva y proactiva. Dan la oportunidad de evaluar su comprensión más profunda.

Puedes utilizar un mapa conceptual para planificar o recapitular una lección. Dicho mapa se puede utilizar para explicar las cosas en primera instancia, o puedes pedirle a tu alumno que elabore uno para ver cuánto ha retenido, así como las áreas desafiantes. Puedes crear un mapa a medias y pedirle a tu alumno que complete el resto a medida que avanza la lección, o incluso pedirle que corrija errores en un mapa deliberadamente incorrecto. Sin embargo, un buen mapa conceptual debe ser funcional y lógico.

Se puede usar un mapa mental al comienzo de una lección para medir el conocimiento actual y revelar todo lo que se sabe sobre un tema. La «lluvia de ideas» es más libre y hace que los estudiantes piensen de manera creativa y abierta, o estimulan la discusión. Utiliza diagramas de flujo y diagramas de procesos A veces, la relación entre diferentes ideas es de causa y efecto, o algo que se desarrolla procedimentalmente en el tiempo. Alternativamente, un diagrama de flujo puede representar un proceso de toma de decisiones o una lógica condicional, es decir, el pensamiento «si X, entonces Y».

Estos conceptos se ilustran mejor mediante diagramas de flujo que se ejecutan paso a paso. Pide a los estudiantes que creen un diagrama de flujo de un experimento científico y describe los procesos a seguir bajo diferentes resultados.

· · ·

Puedes darles a los estudiantes un diagrama de flujo simple al comienzo de la lección que describe un procedimiento complejo, para que puedan ver dónde se encuentran en el panorama general a medida que avanza la lección. Por otro lado, puedes enseñar primero y luego pedir a los estudiantes que hagan su propio diagrama de flujo resumido.

Un guión gráfico contiene cómics, imágenes o diagramas fáciles de entender que simplifican el material para resaltar los puntos más destacados. Debido a que esto a veces puede llevar tiempo y esfuerzo, puedes asignar un proyecto para que tu estudiante cree un guión gráfico por sí mismo, o diseñar un proyecto de trabajo en grupo donde los estudiantes deben trabajar juntos para compilar algo que todos usarán más adelante como resumen o ayuda para el estudio.

Diagramas de cola de pescado un diagrama de cola de pescado o diagrama de Ishikawa es una herramienta para delinear las relaciones de causa y efecto, para comprender mejor los factores que intervinieron o podrían potencialmente influir en el logro de un resultado específico. Esencialmente, un diagrama de espina de pescado es un mapa mental direccional que busca responder la pregunta de por qué ha sucedido algo.

Estos diagramas ayudan a los estudiantes a desentrañar las relaciones causales.

Puedes hacer que los estudiantes exploren un evento histórico o una situación hipotética, o utilizar este método para guiar una sesión de autorreflexión o evaluación del desempeño. Incluso podrías reservar esta técnica para ti mismo para comprender mejor la posición de tus estudiantes y cómo llegaron a donde están. Puedes pedirle a tu alumno que compare y contraste dos o tres ideas usando un diagrama de Venn, que hace que las relaciones específicas sean mucho más claras que si estuvieran escritas.

Usemos un ejemplo para explorar cómo usar y hacer diagramas de Venn. Supongamos que quieres clasificar varios animales según sus rasgos físicos. En este ejemplo, trabajaremos con tres rasgos, aunque un diagrama de Venn también puede funcionar con un solo punto de comparación basado en dos rasgos. Nuestro primer rasgo involucra a los animales que saben nadar.

. . .

Haz una lista de todos los animales que pueden nadar. Algunos ejemplos son medusas, perros, tortugas marinas, humanos, ballenas, peces, etc. Ahora consideremos un segundo rasgo, que son los animales que pueden respirar aire. A medida que hagas esta lista, notarás que algunos ejemplos son comunes al rasgo anterior, nadar. Los ejemplos comunes incluyen humanos, perros, ballenas y tortugas marinas.

Otros ejemplos de animales que pueden respirar aire, pero no pueden nadar, son las lombrices de tierra y los chimpancés. Los animales que tienen patas incluyen muchos que pueden nadar y respirar aire, y algunos que solo pueden nadar o respirar aire. Ejemplos de los primeros son humanos, perros, etc. Ahora, tenemos que crear un diagrama basado en estas similitudes. El primer paso aquí es dibujar un círculo grande con «Saber nadar» escrito en la parte superior y escribir todos los ejemplos en él.

Escribe los animales que también pueden respirar aire en un lado, mientras que los que solo pueden nadar van por el otro. Ahora, haz otro círculo para los animales que «pueden respirar aire», pero para este tipo, asegúrate de que la circunferencia incluya animales de tu primer círculo que puedan nadar. Entonces, humanos, patos y perros ahora serán parte de ambos círculos, mientras que las medusas solo estarán en el primer círculo. Ahora escribe todos los animales que solo pueden respirar aire en el espacio restante.

Por último, tienes el tercer círculo, «tener patas». Debes dibujar este círculo de manera que incluya a todos los animales de los otros dos círculos. Así que los humanos, los patos y los perros también entrarán en el tercer círculo. Los animales que están solo en el segundo círculo, es decir, los chimpancés, también pertenecen al tercer círculo.

Ahora, puedes utilizar estos cuatro subobjetivos para dar forma a una actividad de investigación o aprendizaje. Con una matriz como esta descrita de antemano, los estudiantes pueden enfocar sus propios proyectos autodirigidos, y hay una forma incorporada para que ellos evalúen su propio progreso y logro al final. Por ejemplo, tus estudiantes podrían tener problemas con un concepto particular de contabilidad. Puedes aprovechar esta oportunidad para fomentar las habilidades de pensamiento crítico ya cubiertas, así como para reflexionar más cuando los estudiantes se preguntan qué tan bien funcionó su intento.

Te permiten organizar el material para que puedas evaluar la comprensión, ofrecer comentarios, corregir o ampliar áreas relevantes. Como siempre, las técnicas de enseñanza deben aplicarse después de que hayas obtenido una comprensión clara de dónde están tus alumnos y dónde deseas llevarlos con tu lección. Si deseas que los estudiantes obtengan una comprensión profunda de un procedimiento complejo, puedes pedirles que observen un juego de roles de ese procedimiento que sale mal y tomen notas, que luego usarán para construir un diagrama de espina de pescado. Si deseas que tus alumnos obtengan una amplia comprensión de la teoría actual sobre un tema determinado, puedes pedirles que lean detenidamente y anoten un texto y resuman su material.

Otro estudiante podría hacer lo mismo con un texto diferente y cuando se reúnan para discutir, los estudiantes podrían trabajar juntos para crear un diagrama de Venn que resuma los puntos clave de similitud entre los textos. Haz que los estudiantes se involucren en un debate entre ellos o contigo y, al mismo tiempo, elabora un diagrama de flujo para el proceso de debate. El ABP o aprendizaje basado en problemas, por ejemplo, es un enfoque integrador en el que a los estudiantes se les presenta un problema y se les guía para que encuentren la solución por sí mismos, obteniendo una comprensión más profunda. El ABP es excelente para dar a los estudiantes la responsabilidad de su propio aprendizaje y crea lecciones realistas, aplicables y memorables.

El método socrático es otro enfoque profundo que se basa en la investigación estratégica. Las preguntas se pueden usar para desenterrar suposiciones y prejuicios, para buscar una comprensión más rica, para desarrollar perspectivas, explorar consecuencias e implicaciones, examinar la justificación más profunda de un argumento o incluso mirar más de cerca la pregunta en sí. La clave del enfoque socrático es hacer preguntas para que tus interlocutores o alumnos tengan suficiente espacio para expresar su opinión. Estas tácticas obligan a los estudiantes a aprender y comprender nuevos conceptos al tener lagunas en su conocimiento.

. . .

El pensamiento crítico es un gran enfoque para conceptos más avanzados, ya que fomenta la metacognición tanto sobre la calidad de los pensamientos como sobre el material y el proceso de aprendizaje en sí.

Otras técnicas avanzadas pueden ser el trabajo en grupo para ayudar en el aprendizaje o materiales visuales relevantes. Todas estas técnicas más avanzadas requieren que el estudiante sea proactivo en su aprendizaje y permiten que el maestro no solo mida la comprensión, sino que también ofrezca comentarios útiles.

5

El ambiente estudiantil

En el capítulo anterior, como futuro maestro, nos hemos centrado en lo que puede hacer para mejorar la experiencia de aprendizaje de su estudiante tanto como sea posible. Pero en todo momento, reconocemos que el papel del docente es siempre el papel del facilitador, la persona que permite la ejecución óptima del proceso natural de aprendizaje. La mayor parte de esto es para crear el entorno que sea más útil para el aprendizaje real. Pero el entorno estudiantil es más que un entorno físico.

Aquí explicamos cómo los alumnos, los profesores, el entorno y los materiales están íntimamente relacionados.

. . .

Un maestro eficaz es aquel que puede coordinar adecuadamente los cuatro para lograr el éxito de la mejor manera posible.

Esto requiere una actitud eficaz, comprensión de los hábitos y motivaciones, un espíritu de resiliencia y un entorno de aprendizaje que facilite el aprendizaje en lugar del miedo o la evitación.

Los profesores a menudo no tienen dificultades para encontrar el material en sí, o la forma más inteligente y eficiente de presentarlo. Más bien, sus problemas surgen cuando tratan de inspirar y motivar a los estudiantes a los que simplemente no les importa. Es como si dos lecciones estuvieran siempre funcionando en paralelo cuando se enseña. Uno está relacionado con el tema real y el otro se realiza en segundo plano, donde los estudiantes aprenden disciplina, resiliencia y autoajuste a través del proceso de aprendizaje de la lección.

Si los estudiantes que entienden la motivación no están dispuestos a aprender, no aprenderán. Sin motivación, la inteligencia no es importante, ni tampoco el valor esperado del material. Pero ¿por qué la gente está motivada para hacer algunas cosas y no otras? Una teoría muy simple que explica la motivación humana se llama teoría de la expectativa, que básicamente significa que las personas actúan de acuerdo con los resultados esperados de sus acciones. Según la teoría, aunque no lo sepas, haces lo siguiente: Evalúa cuánto esfuerzo gastado puede conducir a resultados predecibles o cambios en el rendimiento (cuánto hago) ¿Tengo que hacer un esfuerzo?) Evalúa directamente la magnitud de todos los esfuerzos

En relación con el resultado deseado (¿qué me aporta este trabajo?), Con base en sus necesidades y valores, Determine qué tan atractivo es el resultado para usted (¿Qué tan valioso es el resultado para mí?)

Su antiguo profesor de educación física también quiere enseñarte las reglas de los deportes que realmente no te gustan Tal vez, pero si sabes que probablemente te dará buenas calificaciones, probablemente estés mucho menos dispuesto a intentarlo.

Si sabe que su desempeño en educación física tiene el menor impacto en su desempeño escolar general, es posible que le resulte difícil mantenerse motivado porque hacerlo bien en educación física no está directamente relacionado con sus metas. Ha pasado un año. En última instancia, es posible que simplemente decida que la educación física no es tan importante para usted, dados los valores generales y las metas de la vida. Lo duro que trabaja un estudiante es lo duro que debe trabajar para tener éxito, la probabilidad de que el trabajo sea recompensado y si la recompensa realmente vale la pena. Depende mucho de ello. Los esfuerzos siempre vienen con logros y recompensas, por lo que, al enseñar, debe ser consciente de los lazos entre sus alumnos.

A menos que todos estos coincidan, es poco probable que alguien esté motivado para operar durante mucho tiempo.

Es importante tener en cuenta que no existen resultados u objetivos universalmente convincentes. Más bien, es algo que uno personalmente encuentra valioso. Es posible que encuentres que el tema que estás enseñando es muy valioso y que no entiendas por qué otros no están tan motivados para entender como tú, porque los estudiantes valoraron sus esfuerzos y las recompensas fueron diferentes.

. . .

Puedes ver a dónde lleva esto. Para inspirar a los estudiantes, debemos abordar sus motivaciones esenciales.

Eso tiene mucho sentido. ¿Por qué tiene una relación impredecible con sus resultados, o está motivado para realizar algo que no desea en particular? Otro punto importante aquí es que la motivación se basa en nuestras percepciones y evaluaciones futuras.

Eso es lo que esperamos y esperamos. Esto significa que incluso si ciertas acciones son realmente en el mejor interés de una persona, es posible que aún no encuentren un motivo si no saben qué esperar de usted o de su material anterior. Tienes que repetir esto. La realidad de la situación es irrelevante. Es la percepción de los estudiantes lo que marca la diferencia. Si tiene suerte, algunos estudiantes ya están motivados para aprender, pero, aun así, cuando se siente abrumado por sentimientos de desafío, retroceso o estancamiento, necesita comprender y rejuvenecer sus motivos.

Una excelente manera de motivar a los estudiantes cuando se piensa en ello es obvia: aumentar el valor percibido del material. Depende de usted cómo hacer esto, pero primero comprenda los valores y principios de sus alumnos, y luego considere cómo conectarlos con su material.

Por ejemplo, es posible que no esté muy interesado en aprender diseño web, pero le interesa mantenerse competitivo en la industria y ahorrar dinero y tiempo al no contratar a otros para solucionar los problemas del sitio web de su empresa. Puede sentir que tiene un poco de motivación para aprender. Sobre diseño web. Mirar las cosas desde el punto de vista del alumno. ¿Puedes diseñar una tarea que no parezca hipotética o irrelevante? Cree tareas tan reales y prácticas como sea posible para que los estudiantes puedan experimentar el verdadero valor de las habilidades y el conocimiento que han aprendido.

Casi todas las habilidades son transferibles: encuentra la manera de expresar la utilidad de lo que enseñas (¡sus estimaciones no son las tuyas!). Incluso aquellos que se perciben como valiosos a veces requieren un poco de ayuda, así que cree recompensas regulares para que los esfuerzos de todos valgan la pena. Los elogios y la retroalimentación son invaluables. ¿Es posible hacer una pausa de vez en cuando para comprobar el progreso y acariciar la espalda de todos?

. . .

Anime a los estudiantes no solo a evaluar los resultados, sino también a estar orgullosos de los resultados.

Demuestra tu entusiasmo por este proceso (entusiasmo verdadero, por supuesto). Tu estrategia es generar expectativas de resultados positivos.

Es esta expectativa la que anima a los estudiantes a seguir trabajando en tiempos difíciles y aburridos. Aclara lo que esperas en el futuro. ¿Cuáles son sus objetivos, por qué se esfuerza por alcanzarlos y, una vez que los alcanza, cómo miden ambos el éxito? Preste atención al nivel de desafío y asegúrese de que no sea demasiado difícil o fácil. Sin embargo, en algún lugar entre lugares donde completar un desafío realmente se siente como un logro. También es importante que los estudiantes reconozcan que el proceso es justo.

Nada es más motivador que saber que las reglas son inconsistentes y que algunas se respetan aparentemente sin una buena razón. Después de todo, ¿por qué esforzarse cuando los resultados no están garantizados o incluso el trabajo duro es castigado? Desea que sus alumnos sepan que existe una relación directa, predecible y medible entre lo que dan y lo que reciben. Con sus comentarios, necesitan saber exactamente por qué tienen éxito y por qué fracasan.

Estar confundido acerca del impacto de sus esfuerzos puede debilitar su entusiasmo.

Trucos de gamificación Si alguien sabe algo sobre cómo crear motivación, es la industria del juego. De hecho, muchos dirían que los desarrolladores y vendedores de juegos se enfrentan a la adicción a la producción porque son muy buenos para atraer y mantener la atención.

¿No sería genial si pudieras estudiar y estudiar con la misma concentración y dedicación que sientes en un videojuego adictivo? Bueno, es más o menos la teoría detrás de la gamificación, o el uso de los principios y elementos de los videojuegos en contextos que no son de juego.

. . .

Todos los padres han descubierto que la motivación, la atención duradera y el trabajo arduo se obtienen fácilmente siempre que su hijo realmente se preocupe por el "juego" que tiene delante. Pero aprender también es un juego, y al menos podéis unirlo. El principio es claro. Si disfruta aprendiendo, sus estudiantes naturalmente querrán hacer más.

No se requiere fuerza ni autodisciplina. ¿Alguna vez has visto jugar a un gatito? ¡Al mismo tiempo, este gatito se divierte aprendiendo las habilidades motoras finas necesarias para cazar!

Todo el mundo sabe instintivamente lo que cuenta como diversión y juegos, y lo que cuenta como un negocio de aprendizaje serio (y aburrido). Pero ¿qué partes exactas de la experiencia de juego se pueden incorporar al entorno de aprendizaje y "gamificarlo"? Si ha jugado videojuegos en su vida, probablemente ya esté familiarizado con algunos de estos elementos. En primer lugar, el elemento básico del juego es el concepto de progreso paso a paso.

. . .

En los juegos de subir de nivel, acumula puntos o vence a tus competidores. Con dirección y propósito, tal vez incluso competencia, los estudiantes siempre saben que el progreso es importante. Sabes cómo se define tu progreso y entiendes los pasos que debes seguir para lograrlo. Puede usar herramientas en línea como Moodle, Canva y Piazza para realizar un seguimiento de su progreso de aprendizaje.

Estos sitios web le permiten publicar todos los módulos y tareas y mostrar a los estudiantes qué porcentaje de ellos ya están cubiertos en la clase. A través de estas plataformas, se les pide a los estudiantes que envíen tareas, accedan a medidas, vean calificaciones e incluso hagan preguntas. Esto crea una sensación de progreso, ya que este número a menudo aumenta con el progreso general. En segundo lugar, los juegos suelen contener ciertas historias que pueden incluir personajes. Nuevamente, la idea es que haya un campo fijo para que el alumno se mueva, como un mapa, una pizarra o una historia cronológica en la que el alumno está trabajando.

Alternativamente, puede presentar el curso como una historia larga. Por ejemplo, si está enseñando la historia de la Guerra Revolucionaria Estadounidense, no tiene que enseñarla como una serie de eventos.

Ofrece una variedad de perspectivas y teorías sobre el comienzo y el curso de la revolución, cómo se percibía en ese momento y ahora, e interesantes anécdotas.

Desafíos y complejidad. Esto significa que siempre hay una oportunidad de "subir de nivel" en el horizonte, con mejoras claras y obvias para el maestro (por ejemplo, ganar insignias, desbloquear nuevas herramientas y habilidades, etc.). Una característica importante del juego es que el jugador tiene control sobre el juego.

No diseñan el mundo del juego ni establecen sus reglas, pero están facultados para tomar decisiones y ver cómo evolucionan los resultados. Usted está a cargo y gestiona la experiencia. Y si hay mucho en juego, trae tanto una sensación de desafío como de logro cuando se completan esos desafíos.

El gran atractivo del juego es que el efecto que elijas suele ocurrir instantáneamente.

En otras palabras, da retroalimentación instantánea.

· · ·

En la mayoría de los casos, los jugadores pueden ver instantáneamente el resultado de sus decisiones y hacer ajustes y aprender en tiempo real. Los comportamientos se perciben como relevantes y atractivos, ya que esto crea una conexión clara y directa entre los comportamientos y los resultados.

Muchos juegos también incluyen elementos de colaboración que requieren trabajo en equipo y comunicación estratégica para resolver problemas más grandes como grupo. Por supuesto, divertirse con un sentido de conexión social puede hacer que el tema en cuestión sea más relevante y significativo. Entonces, ¿cómo incorpora estos conceptos en sus lecciones para hacerlas más divertidas y atractivas? En un sentido más amplio, hay dos formas de gamificar. Es decir, puede cambiar el contenido que realmente se enseña, o puede cambiar el mecanismo o la estructura mediante la cual se muestra ese contenido. Por ejemplo, puede intentar enseñar un nuevo vocabulario en el idioma que están aprendiendo sus alumnos. Puede comprender el enfoque dividiendo las diversas palabras en niveles y usando tarjetas para ayudar a los estudiantes a recordar las definiciones. Ejecuta y escribe palabras difíciles para avanzar al siguiente nivel. Este es un ejemplo de gamificación estructural.

. . .

El contenido del vocabulario sigue siendo prácticamente el mismo. Pero puede ser más creativo y plantear temas e ideas que van más allá del contenido simple.

Por ejemplo, usted y sus alumnos pueden posicionarse como dos jugadores hostiles que intentan superarse, publicar palabras y permitir que los alumnos repelan los "ataques" con la definición correcta del idioma de enseñanza. Puedes ganar "XP" haciendo esto o avanzando en un tablero con un avatar o contador. Pero como puede ver, el vocabulario no se parece en nada al combate. Este es contenido que introducimos para facilitar la interacción con el contenido existente.

Como puede ver, la gamificación es en realidad el enfoque perfecto para aprovechar las motivaciones esenciales de las personas. Mientras sepamos que el proceso es divertido y significativo, todos podemos ser productivos y desafiantes.

. . .

Un enfoque lúdico de la enseñanza hace más que alentar a los estudiantes a prestar más atención y realmente retener lo que han aprendido.

También hace que toda la práctica sea psicológicamente más satisfactoria. Qué libre es entender que el aprendizaje no tiene que ser serio y aburrido para ser efectivo. Con un enfoque lúdico para adquirir nuevos conocimientos y habilidades, los estudiantes se convierten en agentes activos que guían su aprendizaje. Esto es reconocible en los cinco enfoques educativos. Básicamente, cuando los estudiantes están concentrados y son responsables del progreso, pueden probar cosas diferentes y jugar en un entorno adaptable sin miedo al fracaso o a las consecuencias graves.

Como profesor, usted mismo puede inyectar algo de esta filosofía a medida que crea el enfoque y las lecciones para sus alumnos. Compruebe siempre dónde están sus alumnos y pregúntese cómo volver a intentarlo mientras aprende.

Los juegos educativos son un poco como una versión de la vida real más simple y segura que le permite probar la mentalidad de los investigadores que aplican métodos científicos a la realidad. ¿Cómo funciona esto?

¿por qué? ¿Tengo que hacer esto? ¿Cómo puedo ir de A a B y cuáles son las reglas que limitan mis acciones? Recuerda las bases de la motivación que discutimos anteriormente: Evaluar la probabilidad de que una cantidad de esfuerzo invertido conduzca a un resultado o cambio predecible en el desempeño (¿qué tan duro tengo que trabajar?) Evaluar hasta qué punto cualquier esfuerzo está directamente relacionado con un resultado deseado (¿qué me proporcionará ese trabajo?) y decidir qué tan atractivo es ese resultado para ti personalmente, de acuerdo con tus necesidades y valores (¿qué tan valioso es este resultado para mí?)

Es fácil ver cómo un enfoque gamificado cumple todos estos requisitos y no solo motiva a los estudiantes, sino que también mejora su disfrute del proceso a medida que aprenden. En lugar de entregar pasivamente contenido muerto para que el estudiante lo absorba, se convierte en una especie de «Jugador dos» que puede responder e interactuar dinámicamente con el estudiante a medida que aprende. ¡Es mucho más divertido!

Como profesor, cuando intentes gamificar una lección, debes, no obstante, mantener tu objetivo y enfoque de manera firme; no todo el juego es útil o conduce al aprendizaje.

. . .

Pregúntese a la hora de planificar una tarea. ¿Ha establecido una serie escalonada de tareas que aumentarán gradualmente sus desafíos? ¿Explicaste cosas a tus alumnos o les dejaste descubrir cómo funciona el juego (¡mucho más interesante!)? ¿Su juego brinda retroalimentación inmediata que les permite a los estudiantes cambiar su comportamiento y volver a intentarlo de inmediato? ¿Tu juego es "en serio" gratis? Entonces, ¿es realmente seguro probar algunas cosas sin penalización? ¿Aclaraste cómo los estudiantes pueden subir de nivel? ¿Es esta una tarea apropiada para la habilidad del estudiante? ¿Explicó claramente el propósito, el propósito y las reglas del juego? ¿Ha establecido parámetros claros sobre lo que sus alumnos pueden y no pueden controlar? Observe atentamente mientras los estudiantes completan la tarea para ver si están frustrados o involucrados. Si te estás moviendo demasiado rápido, aumenta tus desafíos para no aburrirte. Cambia el ritmo de las cosas y mezclalas si tus alumnos se acostumbran demasiado.

Antes de que te des cuenta, están en el "flujo" del juego y el aprendizaje, y puede parecer que vuelan así durante horas.

. . .

Puede cambiar su estrategia en cualquier momento, incluso si es difícil enseñar un tema o estudiante en particular usando los principios del juego.

Por ejemplo, no funciona en hojas de trabajo o ejercicios, pero puede continuar con la búsqueda o completarla.

No obtendrás una calificación y tendrás la oportunidad de desbloquear XP, tablas de clasificación o niveles ocultos.

Una palabra sobre la motivación externa Algunos profesores son críticos con la gamificación en el aula, no solo creyendo que no siempre funciona, sino también creando una idea completamente equivocada. Depende de motivos extrínsecos más que de motivos intrínsecos.

Es posible que te hayas preguntado al leer acerca de las recompensas o al usar las expectativas para motivarte.

• • •

¿Realmente ha logrado un cambio realista y duradero si anima a alguien a actuar solo porque se reconocen los incentivos involucrados? ¿Es esta realmente la forma más inteligente de motivar a los estudiantes? La diferencia entre motivación intrínseca y extrínseca es simple. Cuando estamos esencialmente motivados, actuamos por el poder de sacarnos de nuestras percepciones, actitudes o creencias.

Cuando estamos motivados desde el exterior, actuamos por fuerzas externas como B. Recompensa o castigo. Es la diferencia entre hacer algo por sí mismo y hacer algo especial para acceder a otra cosa.

La pregunta es, incluso si eliminamos la dinámica del juego, como la competencia y los desafíos aleatorios, ¿hay algo que motive a los estudiantes a continuar? No hay duda. Debido a que la gamificación es un sistema basado en recompensas basado únicamente en la motivación externa, no siempre es lo suficientemente apropiado o efectivo para alentar a los estudiantes a encontrar su valor en la tarea que tienen entre manos. Algunos conocimientos valen la pena simplemente por sí mismos, no por propósitos externos.

• • •

El conocimiento es poder, no porque ayude a lograr un resultado en particular, sino por ser una persona informada que sabe lo que otros pueden no saber porque se percibe como algo sin valor, porque garantiza. No hay nada mejor que la gamificación si solo quieres atraer y atraer a los estudiantes. Sin embargo, la gamificación puede no ser suficiente si desea lograr un verdadero amor por los temas que quedan después de que se hayan eliminado los trucos del juego.

El escenario ideal es un estudiante que es independiente y tiene un interés real en el tema.

Pero para lograrlo, debes sentir que tu éxito está bajo tu control, que tienes las habilidades necesarias y que vale la pena lograr tus objetivos (es decir, las condiciones motivacionales mencionadas anteriormente). Es un poco complicado teniendo en cuenta que no todo el mundo reacciona igual ante el material gamificado. El clásico "jugador" puede encajar bien en el lado competitivo, motivado por las recompensas y el deseo de ganar.

. . .

El "Socializador" puede aportar más valor a los aspectos relacionales y colaborativos del juego. Al "ganador" le importa poco la mecánica. Está mirando al premio y quiere ganarlo. Finalmente, los "filántropos" pueden estar más interesados en el significado general y el valor del juego, ya sea que ganen o pierdan. En otras palabras, las lecciones de juego no reemplazan la comprensión de la personalidad y las preferencias únicas de un estudiante.

Algunos estudiantes reaccionan negativamente a la gamificación. El efecto "excesivo" de recompensar un comportamiento en particular puede convertir rápidamente ese comportamiento en indeseable y, de hecho, esos estudiantes son mejores sin presión, competencia o incentivos externos. Puede obtener calificaciones. Es su trabajo como docente averiguar más acerca de cómo los estudiantes experimentan los sistemas basados en recompensas.

Realmente necesita saber por qué hacen algunas cosas en lugar de otras, y también necesita comprender una fuente más profunda de sus motivos. No es deseable implementar un sistema que realmente distraiga los motivos o intereses naturales del estudiante, o proporcionar recompensas que no tengan sentido para el estudiante. Incluso los estudiantes que encuentran atractivas las actividades lúdicas eventualmente se aburrirán de ellas y buscarán algo más significativo.

Al igual que con cualquier adicción, es posible que los usuarios deban ganar tolerancia y aumentar sus promesas de recompensa para hacer lo mismo. Observe cuidadosamente cuánta energía e interés tienen sus estudiantes y cómo las recompensas afectan su desempeño. En lugar de centrarse en la mejor manera de completar la tarea en cuestión, pueden marcar las casillas de verificación y comenzar a buscar recompensas. Por ejemplo, es posible que la gamificación no funcione cuando ve a los estudiantes apresurándose para completar un ejercicio solo para ganar puntos relacionados con completar el ejercicio sin tomarse el tiempo para completarlo con cuidado.

Desafortunadamente, no hay sustituto para la diligencia y el esfuerzo ocasionales. Como todo método de enseñanza, la duda de si usar Gamify se resume en uno. ¿Funciona en este caso particular, o en última instancia es ineficaz?

. . .

En esta nota, analicemos otro aspecto del "ambiente" académico más amplio que tiene un impacto significativo en el desempeño de los estudiantes.

Resiliencia académica El concepto de resiliencia académica es la segunda clave para superar nuestras propias barreras internas para el aprendizaje. El aprendizaje es ciertamente difícil, quizás incluso para aquellos con inteligencia innata.

Al menos en el nivel de competencia que buscamos, nada es fácil. Aun así, muchos abandonan los primeros signos de problemas y terminan la carrera. Se dice que aquellos que no se dan por vencidos ante los desafíos del aprendizaje tienen resiliencia académica.

Al igual que la inteligencia, esta no es una característica innata de algunas personas, sino más bien un conjunto de habilidades y hábitos de aprendizaje que pueden ayudarlos a superar desafíos y continuar aprendiendo. La confianza es solo un elemento de la dinámica académica, pero la confianza por sí sola nos permite superar el miedo y la ansiedad. En el primer capítulo explicábamos cómo la confianza en uno mismo puede solucionar la falta de motivación. Imagine cuán fuertemente se siente acerca de tener una discapacidad de aprendizaje si puede rectificar cada elemento.

Investigadores de la Universidad de Sídney y Oxford han identificado cinco C que, cuando se desarrollan, conducen al dinamismo académico. Estas cinco C son calma, confianza en sí mismo, coordinación, compromiso y control.

No son exclusivos del aprendizaje, pero ciertamente son cualidades que lo potencian. Queda claro por qué estas cualidades son importantes para superar los obstáculos de aprendizaje. La mayoría de ellos no tienen nada que ver con el contenido o la información en sí. Más bien, la mayoría de los obstáculos están relacionados con nuestro pensamiento.

En última instancia, nuestra fe y paciencia distinguen a los estudiantes más efectivos.

Su impacto es mucho mayor que cualquiera de las técnicas de este libro. ¿Significa eso que hay un camino donde hay una voluntad? Sí, aprender mucho depende de cómo te haga sentir, y el resto es ahorrar tiempo y trabajar de manera más inteligente. La quietud es la capacidad de controlar y minimizar el miedo. Cuando los estudiantes se sienten ansiosos al participar en un estudio, generalmente se debe a que tienen miedo de la vergüenza. ¿Qué pasa si la gente se da cuenta de que estamos tratando de aprender algo y espera probar lo que sabemos? En este caso, ¿qué pasa si falla por completo? Qué pasa si fallas El miedo puede paralizarte.

Cuando las personas pierden el control de sus miedos, se sienten abrumadas por sus miedos y paralizadas por el estrés que ejercen sobre sus cuerpos. En el peor de los casos, la ansiedad abruma al alumno y le impide concentrarse y comprender la nueva información. Pero hay buenas noticias.

Estos temores son completamente infundados. La ansiedad se basa principalmente en el miedo al fracaso, por lo que debemos abordarla de frente.

. . .

Cuando pensamos en el miedo, pensamos en el peor escenario. Incluso si "fallamos", creo que el mundo terminará como resultado directo. Esto se llama catástrofe y ocurre cada vez que saltas a una conclusión dramática, ignorando las consecuencias realistas. Esta tendencia se supera controlando tu diálogo interior. Tenga en cuenta que pueden pasar cosas negativas.

Sin embargo, muchas de sus ideas pueden ser irracionales y ficticias. Considere diferentes explicaciones y resultados. Si está preocupado, enfrente esa preocupación con optimismo.

Si te da vergüenza cometer un error, recuerda que es una oportunidad para aprender y mejorar la próxima vez.

Todos los pensamientos negativos pueden ser contrarrestados con éxito y honestidad siendo positivos, alentando, perdonando y aceptando alternativas. Con el tiempo, el cerebro acepta estas reacciones como más efectivas que los pensamientos negativos y aterradores.

. . .

Si la ansiedad es un problema para usted, haga lo mejor que pueda. Esto se puede superar. Puedes obtener la calma que necesitas para ser académicamente optimista. La confianza en sí mismo, también conocida como autoeficacia, es la creencia de que puede realizar una tarea en particular. Si no tienes confianza, no podrás alcanzar tus metas. Hablamos con nosotros mismos, nos insultamos y restamos importancia al progreso.

Cuando esto sucede, a menudo renunciamos a nuestros objetivos antes de demostrarnos a nosotros mismos y a los demás que estamos fallando. El problema es que rendirse también puede fallar. Examinar estas creencias negativas sobre nosotros mismos puede ser satisfactorio, pero dejar de lado nuestras dudas y lograr nuestras metas es mucho más satisfactorio y estresante.

Si estás listo para mejorar tu confianza, existen dos técnicas principales. La primera, como vimos en la sección sobre la compostura, es el diálogo interno.

Cuando tu cerebro te diga que eres un fracaso o que un tema es demasiado difícil de aprender, contrarresta ese pensamiento con la afirmación de que seguirás estudiando y, con tiempo y esfuerzo, lo lograrás. Si sigues cuestionando estos pensamientos, realmente se desvanecerán con el tiempo.

El segundo método es más concreto: el establecimiento de objetivos. Ganamos confianza de forma natural cuando cumplimos con las tareas. Cuando tenemos un historial de éxito, cada vez es más difícil creer que nuestras dudas tengan alguna credibilidad. La forma más rápida de hacer esto es crear metas de estudio diarias, o incluso cada hora, y observar cómo las cumples una y otra vez.

Cuando esto suceda, ¡felicítate! Cada objetivo que alcanzas te acerca un paso más a tu objetivo final de dominio de habilidades. Más que eso, cada objetivo que alcanzas demuestra que tienes la habilidad y la fortaleza para alcanzar los objetivos que te propusiste. Es una señal de que tu confianza es real y legítima. Coordinación es tu capacidad para planificar y administrar tu tiempo de manera eficaz.

. . .

Cuando las personas no logran hacer esto, a menudo son víctimas de la falacia de la planificación. Esta falacia señala que las personas no son capaces de determinar cuánto tardan en completarse las tareas.

Como regla general, suponemos que las tareas llevarán menos tiempo del que realmente necesitan.

Peor aún, cuando suponemos que las cosas no tomarán mucho tiempo, a menudo posponemos esas tareas porque sentimos que tenemos mucho tiempo para hacerlas. Por lo general, esto no es cierto, y luego nos encontramos con asignaciones tardías y tareas laborales fallidas. Se pueden seguir varios pasos para eliminar este problema. Minimizar las distracciones en tu área de trabajo es una excelente manera de comenzar.

Apaga el teléfono, cierra la puerta y diles a tus amigos o familiares que estás ocupado y que no te molesten. Invariablemente, debes hacer esto poco después de obtener una nueva tarea para completar o un tema para estudiar.

Aplazar las cosas lleva a llegar tarde, mientras que hacerlo de inmediato aprovecha todo el tiempo del que dispones. Por último, es mejor hacer primero la tarea más larga y difícil.

Dejarlo para el final producirá una falsa sensación de seguridad y puede conducir a que tu trabajo esté incompleto en el momento en que se debe. Quitártelo de encima hace lo contrario, preparándote para tareas más fáciles y un final temprano.

Compromiso, también llamado coraje, es una combinación de pasión y perseverancia que puede nutrirse para ayudarte a alcanzar tus metas. Es fácil estudiar durante un día o una semana, pero los intentos de desarrollar nuevos hábitos a menudo fracasan. Nos encontramos acomodándonos con indiferencia en el sofá para ver otra película o programa de televisión, sin poner más esfuerzo en mejorarnos.

Esto nos mantiene en la misma situación de vida y desperdicia un tiempo precioso que podemos dedicar al mismo tiempo a nosotros mismos y a mejorar nuestra situación. Al igual que con las dos categorías anteriores, el diálogo interno puede ser una herramienta útil para aumentar el compromiso. Hablar sobre hacer las cosas y asegurarse de llegar al final es una herramienta útil. El hecho de que los demás te apoyen de la misma manera y te animen a aprender cuando estás débil puede fortalecer tu sentido de responsabilidad y ponerte en el buen camino incluso cuando tu energía es baja. Finalmente, comprender las razones para sacrificarse y comprometerse es poderoso.

A veces podemos perder la motivación si no tenemos una idea de cómo beneficiarnos de ella o el dolor que obviamente evitamos. ¿Qué sueños te ayuda a alcanzar esta información? ¿Qué dificultades y obstáculos se pueden eliminar al dominar esta información? Recuerda que estás trabajando por algo más grande que tu malestar actual.

Por favor verifique al final. Necesitamos sentir que podemos controlar nuestro destino. Hay varios aspectos a considerar.

En primer lugar, debe sentir la capacidad y la habilidad para lograr los resultados de aprendizaje deseados. Sin ella, sentimos que solo nos movemos por el movimiento y nunca nos acercamos a nuestra meta final. Esto se explicó en el capítulo anterior, pero no existe la inteligencia innata.

Bueno, sí, pero eso realmente no afecta al 99 por ciento de nosotros. Comprender que con trabajo duro se pueden lograr los resultados deseados y que la lucha es parte esencial del proceso. La incomodidad no es una excepción y debe esperarse. En segundo lugar, necesitamos tener un sentido de propiedad del proceso de aprendizaje.

Cuando sentimos que tenemos el control de nuestro trabajo, sentimos un sentido de responsabilidad personal o un sentido de propiedad que nos impulsa a continuar trabajando lo mejor que podamos a pesar de los contratiempos.

Sin ella, el trabajo y el estudio pueden parecer inútiles, como una pérdida de tiempo. Siento que me están diciendo qué hacer. Esto se puede abordar determinando proactivamente cuáles son sus objetivos y ajustando su trabajo diario para alcanzarlos. Controla tu propio destino y crea tu propio plan.

Siempre puede optar por volar hacia las expectativas, objetivos y planes de los demás, o crear su propio conjunto personalizado.

· · ·

El aprendizaje en sí no es una tarea difícil. Pero si pierdes alguno de estos vigorosos elementos académicos, solo fracasarás. No son las tácticas en sí mismas, sino los requisitos previos para un aprendizaje efectivo. El optimismo académico probablemente se describa mejor como resiliencia, la capacidad de adaptarse a situaciones estresantes.

Las personas más resilientes pueden "chocar" y adaptarse a la adversidad sin tener que soportar dificultades. Las personas con baja resiliencia, tanto mayor como menor, tienen más dificultad para afrontar el estrés y los cambios de vida. La resiliencia beneficia tanto la vida cotidiana como las catástrofes raras, ya que se sabe que las personas que pueden hacer frente a las pequeñas tensiones son capaces de hacer frente a las grandes crisis. La psicóloga Susan Kobasa describió tres elementos de la resiliencia. En control. Otro psicólogo, Martin Seligman, señaló tres elementos diferentes de la resiliencia. Uno mismo a través de eventos negativos.

· · ·

Su tema general es dejar ir la negatividad como algo temporal y no parece indicar un defecto personal. Está claro cómo cada uno de estos seis factores de resiliencia puede desempeñar un papel en el logro de los resultados de aprendizaje deseados.

Se trata de cómo recuperarse de un fracaso. El fracaso es parte de la vida, y lo que hacemos determina nuestro carácter y, en última instancia, nuestro éxito.

Fracaso productivo En la mayoría de las situaciones, asociamos el logro con el éxito. Es decir, victoria, resultados positivos, búsqueda de soluciones. Pero en el aprendizaje, el fracaso es un factor importante en el éxito. El fracaso productivo es la idea de Manuka Pool, investigadora del Instituto Nacional de Educación de Singapur. La filosofía se basa en la paradoja del aprendizaje, y no lograr el efecto deseado es tan valioso como superarlo. Este es un efecto neurológico, no un efecto emocional. El modelo aceptado de dar conocimiento, dar a los estudiantes estructura y orientación desde el principio, y seguir ayudándolos a lograrlo por sí mismos puede no ser la mejor manera de fomentar el aprendizaje, insistió.

. . .

Este modelo es intuitivo, pero Kapoor dice que es mejor que los estudiantes se inclinen solos. Kapoor realizó la prueba con dos grupos de estudiantes. En un grupo, los estudiantes tuvieron una serie de problemas con el apoyo educativo completo de los maestros locales. El segundo grupo tuvo el mismo problema, pero ningún maestro lo ayudó. En cambio, los estudiantes del segundo grupo tuvieron que trabajar juntos para encontrar una solución. Los grupos admitidos pudieron resolver el problema correctamente, pero los grupos abandonados no.

Pero sin apoyo educativo, este segundo grupo se vio obligado a profundizar en el problema a través de la colaboración.

Propusieron ideas sobre la naturaleza del problema y especularon sobre posibles soluciones. Buscaron comprender las raíces del problema y los métodos disponibles para resolverlo. Se consideraron múltiples soluciones, enfoques y perspectivas, lo que finalmente condujo a una comprensión tridimensional del problema. Luego, los dos grupos fueron evaluados por lo que acababan de aprender, pero sin resultados. El grupo sin la ayuda del maestro superó con creces a los otros grupos. El grupo que no logró resolver el problema encontró lo que Kapoor consideró la "eficacia oculta" del fracaso. Promovieron una comprensión más profunda de la estructura del problema a través de la investigación y el proceso del grupo.

Es posible que el segundo grupo no haya resuelto el problema por sí mismo, pero aprendió más sobre los aspectos del problema. Si estos estudiantes encuentran nuevas preguntas en otra prueba en el futuro, podrán usar el conocimiento obtenido de la prueba de manera más efectiva que el receptor pasivo de la experiencia del instructor.

Como resultado, Kapoor argumentó que una parte importante del proceso del segundo grupo fueron sus errores, errores y errores.

Cuando este grupo hizo un esfuerzo activo para aprender por sí mismo, retuvo más conocimiento necesario para problemas futuros.

Según Kapoor, tres condiciones hacen que el fracaso productivo sea un proceso efectivo. Seleccione la pregunta "Desafío, pero no frustrante". Brinde a los estudiantes la oportunidad de explicar y elaborar su proceso. Permite a los estudiantes sopesar soluciones buenas y malas. La dificultad es una condición positiva del aprendizaje, pero requiere disciplina y satisfacción tardía. Va en contra de nuestros instintos. Por así decirlo, ¿cómo puede funcionar el fracaso?

Probablemente experimentará una o dos derrotas en su proceso, con la tentación de rendirse. Puede sentir esto incluso antes de comenzar, lo que puede provocar una ansiedad catastrófica que puede flotar en su trabajo. Espera, pero no te frustres. Predecir la frustración por adelantado es solo un buen plan, pero también debe planificar cómo lidiar con ella. Da una visión general de los planes o ideas para reducir la frustración cuando eso suceda.

En la mayoría de los casos, se trata de un descanso de la situación para cargar la batería y evitar temporalmente el problema. En muchos casos, solo hacer una pausa infundirá objetividad y le dará una imagen más clara del problema.

. . .

Pero, en cualquier caso, reduce el miedo inminente que sientes y te da la oportunidad de abordar el problema de una manera más relajada. Se trata de aceptar un estado de malestar y confusión. Es como hacer malabares con 10 pelotas en el aire a la vez, y es posible que no sepas cuándo colocarlas.

El modo de aprendizaje es diferente del modo de resultado, y la medida del éxito es bastante diferente. Si quieres aprender, busca un mayor conocimiento. Todos los aumentos son un aprendizaje exitoso. Reconstruir las expectativas para que el aprendizaje sea tan importante como el resultado y, si cabe, más importante.

El conocimiento explícito y estático, como hechos y datos, no siempre se beneficia de esto. No lo hagas. Sin embargo, comunicar una comprensión profunda y de múltiples capas no puede simplemente incorporarse al cerebro. Debe ser manipulado y aplicado, y las fallas son específicas del proceso. En cierto sentido, el fracaso funciona igual que el tipo de pregunta descrita en el capítulo anterior. Si falla, puede triangular gradualmente su conocimiento y comprensión en función de lo que no funciona y lo que no funciona.

· · ·

Después de todo, el fracaso actúa como modelo para el próximo paso. Esta es una ejecución de prueba que no salió según lo planeado, por lo que puede solucionar el problema marcado en el futuro.

Por ejemplo, suponga que inicia un campo de vegetales, anota los procedimientos y técnicas que usa en el proceso y, cuando llega el momento de cosechar, algunas plantas no son como se esperaba. ¿Trabajaste en el piso equivocado?

Use sus recursos para comprender por qué este piso estaba mal y cómo se ve. ¿Están las plantas que no salieron demasiado cerca? Aprende técnicas para colocar en un espacio pequeño. Oculto en todo esto, incluso mientras aprende, vive y actúa para evitar el fracaso, conduce a resultados muy diferentes a los que se esfuerzan activamente por el éxito.

Un enfoque apunta a limitar la exposición y el riesgo, mientras que el otro se enfoca en el objetivo final, independientemente del costo.

El fracaso no tiene por qué ser tu amigo, pero te guste o no, será tu compañero ocasional. Con eso en mente, probablemente tenga más sentido incorporar un enfoque de asumir más riesgos y obtener más recompensas. En cierto sentido, una de las mejores lecciones que los maestros pueden enseñar a sus alumnos es una actitud saludable hacia el riesgo y el fracaso. Nuestro espíritu como docentes durante todo el proceso de aprendizaje transmite de manera efectiva parámetros y valores de aprendizaje a nuestros alumnos. Por lo tanto, cuando hablamos sobre el fracaso y cómo nos enseña de manera más efectiva que el éxito, debemos discutirlo.

Cuando se trata de aprender, hable sobre los aspectos psicológicos del fracaso. Un entorno de aprendizaje sin prejuicios fomenta una fuerte actitud hacia el fracaso y la derrota.

Si el fracaso es muy importante para el proceso de aprendizaje, debemos dar a los estudiantes la libertad de tomar riesgos y probar cosas nuevas sin sentirse estúpidos. El juicio es un juego del ego y es parte de una "mentalidad fija" que ve el conocimiento y el aprendizaje como algo para fortalecer la identidad de un individuo o ganar un debate. El problema es cuando el ego hace que la autoestima y la identidad dependan del éxito. La desventaja es que experimentas el fracaso, los errores, la ignorancia, los retrasos y las derrotas como un ataque a tu identidad o una amenaza a tu autoestima. Así que en lugar de pensar "Fallé", piensa "Fallé".

Averigüe qué actitud es más probable que conduzca a la autocorrección y al aprendizaje. Irónicamente, al aferrarse a lo correcto y no cometer errores o fallar, es menos resistente a la adversidad y es menos probable que evolucione y aprenda de verdad. Es una paradoja. Cuando comenzamos a aprender, naturalmente queremos ganar más competencia, conocimiento y comprensión. Pero el precio es a menudo un principiante y una experiencia que siempre se enfrenta a su propia ignorancia e incompetencia.

Por lo tanto, es importante comprender las características que soportan incertidumbres, incertidumbres, ambigüedades y complejidad, así como fallas. Los buenos maestros hacen que los estudiantes sientan que pueden experimentar, probar, fallar, adaptarse y hacer preguntas sin afectar su autoestima o identidad. Pero es posible que se pregunte: ¿realmente el aprendizaje tiene que ser una experiencia aburrida y propensa a errores? Ciertamente, un sentido positivo de logro y orgullo también son buenos motivos. No puedo imaginar tener que lidiar con mis defectos y fracasos a diario, deprimirme rápidamente, aprender menos y más.

Para comprender mejor este equilibrio, podemos observar el concepto de ratio rosada, que fue introducido por primera vez por los psicólogos Marcial Losada y Barbara Fredrickson. La idea es que existe una proporción fija de emociones negativas a emociones positivas que mejor apoya una vida exitosa y equilibrada. Usando un modelo matemático, la pareja descubrió que la proporción ideal era 3-11. Esto significa la cantidad de comentarios, ideas, pensamientos, sentimientos, etc. Los valores positivos tenían que ser alrededor de 3 a 11 veces los valores negativos. Para que las personas prosperen de manera óptima.

Comentarios positivos, recompensas y ayuda para mejorar.

Sin embargo, demasiado puede tener el efecto contrario.

. . .

La crítica, el fracaso y la derrota también son útiles para el aprendizaje. Sin embargo, demasiado puede ser desalentador y frustrante.

Pero cuando las personas experimentan aproximadamente tres veces más información positiva que información negativa, prosperan. Sin embargo, la ganancia de rendimiento se pierde en proporciones superiores a 11:1. Entonces, al menos según esta teoría, se logra la "razón de Rosada".

Coincidentemente, el artículo original de Ratio Losada ha sido seriamente criticado por su falta de validez científica, y el concepto es completamente desconfiado. Sin embargo, su popularidad sugiere que la idea de que las experiencias emocionales positivas y negativas deben estar en el mejor equilibrio tiene varios beneficios. Como profesores, podemos rechazar la ciencia particular detrás de la teoría y aun así admitir que los estudiantes pueden tener el equilibrio ideal de desafío y facilidad, logro y decepción.

Una vez más, no hay sustituto para trabajar dinámicamente con los estudiantes individuales frente a usted. La relación positiva/negativa cambia a diario o depende del tema en cuestión, pero probablemente sea cierto que la mayoría de nosotros trabajamos mejor si los aspectos positivos superan a los negativos. Comprensión de la retroalimentación Recibe retroalimentación a medida que interactúa con los medios y la nueva información.

La retroalimentación es simplemente una causa y efecto, y puedes ver las consecuencias de tus acciones. Sin embargo, los maestros apoyan este proceso y brindan retroalimentación a los estudiantes con el objetivo de apoyar, enseñar y alentar a los estudiantes de manera consciente. La retroalimentación es información sobre cómo nos está yendo en relación con nuestras metas. Es como una conversación.

Hay significados antes y después. En pocas palabras, si los estudiantes saben cómo su comportamiento afecta al conjunto, pueden ajustar su desempeño, autoevaluación y conciencia y, en última instancia, mejorar.

En algún momento, se hizo común dar a los estudiantes un "gran trabajo", independientemente de sus calificaciones. Pero los elogios vacíos o deshonestos son tan inútiles como dejar una reseña sin explicar cómo sucedió. Como docente, existe el arte de dar retroalimentación buena, práctica y significativa. Es cómo se da la retroalimentación en lugar de una palabra o frase en particular. En general, ya hemos visto que la retroalimentación debe ser positiva, no negativa, pero la retroalimentación de calidad tiene otras características.

Respeto.

Como punto de partida, los estudiantes deben sentir que, sin importar quiénes sean, son tratados con dignidad y etiqueta. Esto le permite recibir comentarios sobre lo que es, no como un ataque a un individuo. Por ejemplo, en un lugar de trabajo dominado por hombres, la retroalimentación solo puede ser efectiva para las empleadas si realmente sienten que se trata de su desempeño, no del hecho de que son mujeres.

Puntualidad.

La retroalimentación debe ser lo más cercana posible al evento relevante. Por ejemplo, no espere dos semanas para evaluar el desempeño de su proyecto. Es poco probable que sus comentarios sean considerados.

En este sentido, la retroalimentación debe darse con frecuencia y en pequeñas cantidades para que sea formativa. Por otro lado, un solo examen principal puede mantener a los estudiantes en la oscuridad y darles la oportunidad de reforzar los errores evitables.

Precisión

Quiere que sus alumnos sepan exactamente dónde están y por qué. Los comentarios vagos pueden ser estresantes y ofensivos para las personas.

En cambio, qué están haciendo bien los estudiantes, qué debe mejorarse, cómo comparar con otros estudiantes o establecer criterios y, lo más importante, cómo mejorar la situación. Aclare si puede realizar pasos específicos.

. . .

Si un estudiante siente calificaciones bajas, él o ella no sabe qué hacer a continuación o mejorar. Utilice el método "sándwich". Una estructura útil es comenzar con un cumplido, continuar con una corrección y terminar con un cumplido. Al hacerlo, la retroalimentación se amortigua contra un fondo positivo que probablemente sea estimulante y alentador. Ejemplo: "Tu apertura es excelente y tienes un buen control de la respiración. Los agudos todavía se sienten un poco erráticos, pero especialmente el último coro terminó poderosamente. Por supuesto, el cumplido debe ser honesto. Por favor explique, no juzgue.

Comentarios más efectivos que "Hola, buen trabajo". Las diferencias son sutiles, pero la primera fomenta la motivación interna y explica por qué algo se percibe positivamente.

Los estudiantes pueden llegar a sus conclusiones y estar verdaderamente orgullosos de lo que se les dice. ¡Eso es excelente! " Al proporcionar retroalimentación, concéntrese en los comportamientos y las habilidades, no en las características personales. Esto fomenta una mentalidad de crecimiento que es más tolerante con los errores y errores.

· · ·

En otras palabras, decir "la brazada de espalda es realmente fuerte" es más probable que estimule la confianza en uno mismo que decir "eres un nadador naturalmente talentoso".

Evite los consejos ("debe ejecutar XYZ") por la misma razón. No lo hagas personal. Si sus estudiantes son particularmente sensibles, puede encontrar una manera de proporcionar comentarios sin contactarlos directamente. Modele el desempeño incorrecto y luego critíquese a sí mismo o hable sobre un ejemplo ficticio. Dependiendo de la personalidad del estudiante, también puede ser útil pedirle que se evalúe a sí mismo o que brinde retroalimentación sobre su enseñanza. Esto hace que el proceso de aprendizaje se parezca más a una colaboración que a la dinámica de la capacidad del profesor para evaluar a los estudiantes. Por la misma razón, evite los comentarios que expliquen cuán personalmente satisfechos o disgustados están las calificaciones de un estudiante. ¡No es sobre ti! mezcla. Puedes expresar tu opinión de diferentes maneras.

· · ·

Preste atención a lo que funciona para sus alumnos y coordine su comunicación para que pueda escuchar su voz.

Nuevamente, piense en sus motivos innatos y recurra a ellos cuando brinde retroalimentación. Por ejemplo, si sabe que sus alumnos están motivados por el dominio y la victoria, puede enfatizar el rango relativo de los logros. Asegúrese de proporcionar. comentarios verbales.

Además, deje comentarios sutiles y correcciones menores por escrito. Una simple sonrisa o un pulgar hacia arriba pueden ayudar. También podemos recibir comentarios de terceros que han consultado con nuestros estudiantes.

Tenga en cuenta que incluso si sus comentarios son amables, racionales y transparentes, puede ser difícil aceptar las críticas.

Por favor se amable. Encuentre un equilibrio entre la honestidad y la compasión y no abrume a sus alumnos abrumándolos con mucha información a la vez. Dar retroalimentación es un ajuste realista al aprendizaje, pero también es una experiencia emocional. Entonces, con eso en mente, brinde a los alumnos espacio para manejar lo que les dice a su manera. Si no comenta con prejuicios, sus alumnos pronto dejarán de hacerlo. Una forma de fomentar esta mentalidad neutral es utilizar la retroalimentación. Los buenos comentarios deben ser prácticos. Pregunte a sus alumnos cómo lo están planeando o si ya han considerado su propuesta. Esto puede fortalecer y enfocar la mente y permitir que los estudiantes superen rápidamente las posibles emociones de vergüenza y decepción.

Aún mejor, si vincula sus comentarios con acciones significativas, puede ver cómo se desarrolla la tendencia.

La próxima vez que evalúe a un estudiante, probablemente pueda dar la retroalimentación más satisfactoria de todas.

"Has tenido en cuenta mis comentarios y creo que tus esfuerzos definitivamente te han mejorado. Genial". Para los comentarios que proporcione, actúe en consecuencia y aproveche la oportunidad de realizar cambios significativos. Una buena retroalimentación ayuda a los estudiantes a internalizar su capacidad de autoevaluarse y ajustarse después de la observación. Les enseña a pensar en su propio progreso.

No importa qué tipo de retroalimentación brinde o cuándo la brinde, las palabras positivas son muy poderosas. Una vez más, no es exactamente lo que dices, es la forma en que lo dices. Una buena retroalimentación incluye detalles específicos y específicos que ayudan a los estudiantes a permanecer en la historia, pero también incluye elementos emocionales. Su elección de idioma representa su respeto, apoyo y respeto positivo por sus estudiantes. En lugar de decir: "No entiendo lo que dices", "levanta la barbilla y habla de esa manera, y escucharás tu voz mucho mejor".

De esa manera, tu discurso realmente transmite tu pasión. En lugar de decir "esta imagen está desordenada", "esta vez no creo que el intento de juntar estos elementos haya funcionado realmente, así que sentí esa" parte ".

. . .

En lugar de decir: "La razón por la que me sigo lastimando es porque estoy sosteniendo mal el palo", podría decir: ¿Cuál crees que es el efecto de sostener la raqueta de esa manera? ¿Qué te parece si tratas de mantenerlo un poco más alto? No es lo mismo retroalimentación que consejo, no calificación. Simplemente decir bueno o malo realmente no ayuda a los estudiantes a aprender o mejorar. Piense en su papel al brindar retroalimentación como facilitador del proceso natural de la vida. En otras palabras, actuamos y la acción tiene consecuencias. Si quieres aprender, sé consciente de esos resultados y haz los ajustes necesarios.

Preste atención al impacto del comportamiento de los estudiantes y asócielos con metas. Al hacer esto de manera continua y constante, los estudiantes tienen amplias oportunidades para profundizar en el material y desarrollar su comprensión y habilidades. En caso de duda, priorice la retroalimentación en el aula (es decir, un enfoque integrado de la pedagogía). Para probar su capacidad para proporcionar comentarios, hágase las siguientes preguntas con regularidad: ¿Es apropiado mi comentario? La retroalimentación está más enfocada cuando esencialmente puede responder preguntas: ¿Los comportamientos que evalúo acercan o alejan a los estudiantes de sus objetivos establecidos? (Una vez más, vemos por qué es tan importante tener objetivos claros en el aprendizaje. A veces es suficiente recordar a los estudiantes un objetivo más amplio para modificar el curso).

Conclusión

Puede hacerse ciertas preguntas para poder hacer una buena retroalimentación de la enseñanza que usted ha puesto en práctica y a sus alumnos ¿Es concreto, concreto y práctico? ¿Proporcionó alguna guía o comentario que sus estudiantes pudieran realmente usar? Por ejemplo, no tiene sentido criticar lo que un estudiante realmente puede hacer.

Elimine juicios, suposiciones y expectativas de sus comentarios, y considere hechos claros y neutrales y qué hacer exactamente frente a los comentarios. ¿Son sus comentarios apropiados para sus estudiantes? La retroalimentación es comunicación, y si no se recibe correctamente, la comunicación fallará. ¿Hablas para que los estudiantes puedan entender? ¿Sus comentarios brindan información significativa sobre una tarea, proceso o entregable? En otras palabras, ¿realmente proporciona información que proporciona conocimientos y oportunidades de aprendizaje?

Buena retroalimentación: Es clara, resuelta, significativa y compatible con conocimientos previos se centra en la intención de aprendizaje y los criterios de éxito ocurre mientras los estudiantes están aprendiendo; por lo tanto, la retroalimentación verbal es mucho más efectiva que la escrita proporciona información sobre cómo y por qué el estudiante ha cumplido o no con los criterios proporciona estrategias de mejora Según John Hattie, un destacado investigador en educación, la retroalimentación es útil cuando aborda las preguntas fundamentales de «¿a dónde voy?», «¿cómo voy?» y «¿a dónde vamos ahora?». Estas preguntas son poderosas ya que reducen la brecha entre dónde está el estudiante y dónde debe estar, en referencia a sus objetivos de aprendizaje. Otra forma de retroalimentación poderosa es la que busca el maestro, donde los estudiantes muestran al maestro lo que han aprendido (evaluación formativa). Como parte de nuestra cultura de enseñanza explícita, los maestros brindan regularmente comentarios instructivos durante las fases de «hacemos» y «tú haces».

Es importante destacar que la instrucción explícita a menudo enfatiza la función positiva de los errores, cuando los maestros hacen correcciones inmediatas para asegurar el logro de las metas de aprendizaje. Este tipo de "entrenamiento de fallas" puede mejorar el desempeño en el salón de clases cuando los maestros crean un ambiente seguro donde los estudiantes pueden tomar riesgos y sentirse cómodos.

Los maestros también usan los datos de evaluación de los estudiantes para recopilar comentarios de los estudiantes en sesiones plenarias para obtener comentarios sobre la efectividad de las prácticas educativas. Los comentarios de los estudiantes también se recopilan durante el proceso de mejora del rendimiento de 360 grados. Según los resultados de la revisión de IPS de 2017, "las conversaciones con los líderes estudiantiles tuvieron un impacto fuerte y positivo en el aprendizaje al establecer metas y proporcionar a los maestros retroalimentación continua sobre el desempeño. Quedó claro."

La obligación del maestro de crear un entorno de aprendizaje que apoye esta motivación, como insumo los estudiantes aprenden sólo cuando están motivados. Las personas actúan de acuerdo con el esfuerzo requerido, las consecuencias probables y la conveniencia percibida de las consecuencias. Los profesores pueden motivar a los estudiantes aumentando el valor percibido de los objetivos de aprendizaje y sus procesos y elevando las expectativas de resultados positivos sin comprometer las motivaciones esenciales. La gamificación es un enfoque que transfiere elementos del juego a un contexto que no es del juego. B.

Aprendizaje, integrado. Los maestros usan andamios para "subir de nivel", dar a los "jugadores" el control del juego, promover la colaboración estratégica y no solo brindar a los estudiantes comentarios inmediatos sobre todas las acciones, sino también la calidad del juego. Siempre puede estar seguro de que es bueno. Me instruyeron. Entendí el propósito y las expectativas de las "reglas".

El dinamismo académico es algo que los profesores siempre deben alentar a los estudiantes a incluir calma, confianza en sí mismos, coordinación, participación y gestión. Con ideas que fomenten el desarrollo de estas cualidades, superará los aspectos difíciles del aprendizaje y aprenderá con tanta confianza como el material mismo.

El fracaso productivo es la visión de que el fracaso en sí mismo es un maestro valioso y puede mejorar la comprensión y el dominio en lugar del éxito. Los maestros pueden modelar las mejores actitudes hacia el fracaso: actitudes normales, manejables y útiles. Los buenos maestros necesitan crear un ambiente de aprendizaje imparcial. Esto significa separar el logro de la autoestima o la identidad del estudiante para que las fallas y los errores no se perciban como amenazantes o humillantes.

Cuando los maestros ejemplifican los juicios sin prejuicios, los estudiantes sienten que están dispuestos a cometer errores en el proceso de exploración, experimentación y aprendizaje seguros. La retroalimentación es una parte importante del ambiente estudiantil. La buena retroalimentación es específica para el alumno, específica de la meta, oportuna, significativa, relevante, fácil de entender e incluye pasos claros y realistas para la próxima acción. No es juicio, consejo, admiración o crítica sin un refinamiento sustancial del propio proceso de aprendizaje.

www.ingramcontent.com/pod-product-compliance
Lightning Source LLC
LaVergne TN
LVHW021719060526
838200LV00050B/2756